PUBLICATION DE LA RÉUNION DES OFFICIERS

AIDE-MÉMOIRE

DU CAVALIER

POUR SERVIR

A L'INSTRUCTION THÉORIQUE

DES JEUNES OFFICIERS ET DES SOUS-OFFICIERS

PAR

Le général major VON MIRUS

TRADUIT

PAR LE COMMANDANT L. LE MAITRE

DEUXIÈME PARTIE

Service en campagne

PARIS

LIBRAIRIE DE FIRMIN-DIDOT FRÈRES, FILS ET Cⁱᵉ

IMPRIMEURS DE L'INSTITUT, RUE JACOB, 56

1874

AIDE-MÉMOIRE DU CAVALIER

POUR SERVIR

A L'INSTRUCTION THÉORIQUE

DES JEUNES OFFICIERS ET DES SOUS-OFFICIERS

AIDE-MÉMOIRE

DU CAVALIER

POUR SERVIR

A L'INSTRUCTION THÉORIQUE

DES JEUNES OFFICIERS ET DES SOUS-OFFICIERS

PAR

Le général major VON MIRUS

TRADUIT

PAR LE COMMANDANT L. LE MAITRE

DEUXIÈME PARTIE

Service en campagne

PARIS

LIBRAIRIE DE FIRMIN-DIDOT FRÈRES, FILS ET Cⁱᵉ

IMPRIMEURS DE L'INSTITUT, RUE JACOB, 56

1874

AVANT-PROPOS

Toutes les nations possèdent d'excellents réglements sur le service des armées ; mais si les préceptes donnés dans ces réglements sont clairs, le détail des moyens d'exécution fait souvent défaut, et l'embarras commence lorsque l'on arrive à la pratique.

Cette lacune a été comblée en Prusse, pour la cavalerie, par le général von Mirus, dans son *Aide-mémoire du cavalier*, dont nous présentons à nos camarades de l'armée une traduction faite sur la troisième édition (1872).

Dans cet excellent ouvrage, — qui pourrait être intitulé : *Esprit et application des réglements militaires*, — l'auteur fait ressortir le côté moral des réglements, et développe au plus haut point, chez le soldat, les sentiments d'honneur militaire et d'amour de la patrie. Le côté pratique est traité avec la même supériorité, et l'auteur entre dans les plus grands détails pour donner au cavalier les moyens d'exécuter les réglements. Il lui apprend non seulement ses devoirs, mais encore la manière de les remplir envers lui-même, envers ses égaux, ses inférieurs et ses supérieurs.

Un aide-mémoire de ce genre, précis dans les moindres détails, rendrait les plus grands services pour perfectionner *l'instruction et l'éducation militaires de nos soldats*.

La réunion des officiers avait entrepris il y a bien longtemps la traduction de l'*Aide-mémoire* de Mirus. Deux textes ont été rédigés : le premier, il y a près de deux ans, par les soins de **MM.** Garre, Dantzer, Finck, de la Tullaye de Varennes, de Villaine Bilger ; le second en entier par M. le commandant Zeude. Le manque d'homogénéité du premier, dû à plusieurs officiers, a empêché de l'utiliser ; le second, qui avait infiniment de mérite, ne put non plus être utilisé, parce qu'étant fait sur la deuxième édition, il différait trop de la troisième que le général von Mirus venait de faire paraître (1872) avec de nombreuses et importantes modifications, notamment dans le service en campagne. Il a donc été nécessaire de recommencer une troisième traduction.

L. LM.

Paris, septembre 1873.

AVANT-PROPOS

DE LA PREMIÈRE ÉDITION

—

J'ai composé ce recueil dans le but de donner au jeune officier et au sous-officier un aide-mémoire qui leur servît pour l'instruction théorique du cavalier et leur facilitât la connaissance des différentes branches du service, de toutes les parties de l'équipement, et des prestations de toute nature que peuvent recevoir sous-officiers et cavaliers.

Un recueil de ce genre était désiré de tous côtés, et je savais par expérience quels services il était appelé à rendre.

Les autres armes possèdent déjà de semblables aide-mémoires. Il en existe, il est vrai, aussi pour la cavalerie; mais les uns ne traitent que de quelques branches du service, ou ne sont pas spécialement écrits pour le cavalier; les autres sont surannés ou s'adressent à d'autres lecteurs. Ces considérations, et la conviction où je suis que le sous-officier doit, comme l'officier, connaître tout ce qui a rapport à sa troupe, me donnent l'espoir d'avoir fait un travail utile.

Le double but de cet ouvrage lui a donné de grandes dimensions; mais la table des matières permet de trouver facilement les articles qui se rapportent aux leçons théoriques, et ceux que l'instructeur pourra utilement étudier ou consulter dans certains cas.

Si parfois je suis entré dans le détail, c'est parce que, à mon avis, *rien n'est insignifiant dans le service de la cavalerie, pas même le plus petit détail.*

Si les circonstances le permettent, j'ai l'intention, pour mettre cet ouvrage à la portée du simple cavalier, d'en faire bientôt paraître un extrait à son usage (1).

L'Auteur.

Aschersleben, juin 1855.

(1) Cet extrait, publié en avril 1856, était à sa 6e édition en novembre 1868. Il a pour titre : *Guide du cavalier dans le service et hors du service, à l'usage des leçons d'instruction et pour son instruction personnelle.*

AVANT-PROPOS

DE LA TROISIÈME ÉDITION.

———

Depuis la publication de la première édition de cet ouvrage, les importants changements survenus dans les États de l'Allemagne, ainsi que les nouveaux réglements adoptés dans presque toutes les parties de l'organisation militaire prussienne, et enfin l'expérience de la dernière guerre, ont nécessité le remaniement presque complet de la plupart des chapitres. L'auteur a fait ce travail d'autant plus volontiers que de nombreux témoignages l'ont confirmé dans l'utilité de son entreprise.

L'AUTEUR.

Stuttgard, avril 1872.

DEUXIÈME PARTIE

DU SERVICE EN CAMPAGNE.

CHAPITRE Ier

Du cantonnement.

1. On donne le nom de *cantonnement* à l'ensemble des logements et des écuries occupés passagèrement. On fait cantonner les troupes lorsque l'on prévoit que leur séjour dans le pays sera limité, ou bien lorsque l'on doit les réunir en grandes masses, daus un but qui ne nécessite ou n'admet pas qu'on les fasse camper ou bivouaquer. (Voir première partie, chapitres IV et XII.)

2. ORDRE DANS LES LOGEMENTS EN CANTONNEMENT. — Les hommes se trouvant plus livrés à eux-mêmes en cantonnement qu'en garnison, les sous-officiers doivent particulièrement veiller à ce qu'ils se conforment ponctuellement aux ordres

donnés pour l'entretien des chevaux, des armes, du harnachement et de l'habillement.

Les effets doivent toujours être rangés de telle manière que l'on puisse les trouver même dans l'obscurité. Les homme pourront ainsi, en cas d'alerte, se réunir promptement en ordre, et sans rien oublier.

On doit s'efforcer d'entretenir la *bonne intelligence* entre *les soldats* et *leur hôte*. On allége ainsi les charges plus ou moins lourdes imposées par le logement. Le soldat est punissable pour toute exigence illégitime ou pour tout acte arbitraire. S'il a un motif de plainte, il rend compte au maréchal-des-logis-chef.

Le soldat ne doit jamais se disputer avec son hôte. (Pour ses droits en cantonnement, voir première partie, chapitre XII.)

En cantonnement, plus encore qu'en garnison, il faut veiller à ce que le soldat rentre le soir à l'heure prescrite à son logement.

3. DANS LE CANTONNEMENT DE GUERRE, on est obligé, pour se protéger contre une ATTAQUE DE L'ENNEMI, de déployer un nombre d'avant-postes relativement considérable. Aussi préfère-t-on bivouaquer quand l'ennemi est dans le voisinage, et quand on doit être prêt à combattre.

Le commandant de cantonnement doit régler le service dans le cantonnement de guerre comme au bivouac. (Voir l'ordonnance sur l'instruction des troupes pour le service en campagne, etc., 1870, V.)

Le commandant de cantonnement fixe aussi le nombre et la force des postes de sûreté et d'intérieur.

Les postes et sentinelles de sûreté reçoivent les mêmes consignes que dans un camp. En principe, il est établi dans tout petit cantonnement une garde intérieure, placée généralement au centre de la localité ou auprès du logement du commandant, et chargée de veiller à l'ordre intérieur. Elle se conforme, ainsi que les sentinelles, aux prescriptions du service de garde en garnison.

Le commandant de cantonnement donne, comme au bivouac, les mots d'ordre et de ralliement, et décide s'il sera fait des sonneries et quelles seront ces sonneries.

Si le pays n'est pas occupé au loin du côté de l'ennemi, on ne doit jamais se croire en sûreté, et lorsque l'ennemi peut se trouver dans le voisinage, il faut couvrir particulièrement ses derrières.

Lorsque l'ennemi est dans le voisinage, on place au moins des sentinelles doubles sur tous les chemins qui mènent au cantonnement et sur les points de la lisière du cantonnement par lesquels l'ennemi pourrait pénétrer sans être vu ; au besoin, on détache comme postes de sûreté des grand'gardes ou des vedettes isolées, ces dernières placées pendant le jour sur les hauteurs environnantes ou sur des points qui permettent d'observer de loin l'approche de l'ennemi. Dans ce même but, on envoie au loin des patrouilles chargées de se mettre en communication avec les cantonnements voisins, ou bien avec la ligne des avant-postes.

Les abords, ponts, etc., sont barricadés et occupés par des postes ou bien des sentinelles dont les chevaux sont placés dans les maisons voisines, et au besoin restent sellés.

De plus, la nuit, dans le voisinage de l'ennemi, on observe le terrain en avant.

Toutes les routes doivent ainsi être protégées contre les surprises, tout en permettant aux défenseurs de se porter facilement en avant.

Les défilés dans le voisinage du cantonnement sont occupés ou rendus impraticables, et en tout cas observés.

Quand l'*ennemi est dans le voisinage,* les hommes doivent être prêts à *seller* et à *charger rapidement.* Dans ce cas, les selles restent paquetées autant que possible, les couvertures pliées sur les selles; les hommes restent habillés et ne quittent pas leurs logements; leurs armes, etc., sont suspendues à l'écurie, celles de chaque homme à part. La nuit, ils ne se déshabillent pas; un homme veille dans chaque logement, et dans chaque écurie est une lanterne allumée dont la lumière est masquée.

Il est du devoir de tout sous-officier de prendre une connaissance exacte, aussitôt son arrivée au cantonnement, de toutes les issues et de tous les environs; il doit savoir particulièrement par où l'ennemi peut arriver, où se trouvent les avant-postes, les défilés à traverser, etc. Une connaissance exacte des localités lui sera très-utile, dans le cas d'un mouvement rapide en avant contre l'ennemi, ou bien d'un mouvement en retraite, et surtout quand il faut opérer la nuit.

Devant l'ennemi, la *place d'alarme* est toujours choisie en arrière de la localité, sur un terrain facilement abordable et se prêtant au déploiement des troupes. Chacun doit connaître exactement son chemin pour se rendre à la place d'alarme, afin de pouvoir la trouver au besoin dans l'obscurité.

Dans ces circonstances, les cavaliers s'y rendent non isolément, mais par logement.

Quand de l'*infanterie* et de la *cavalerie occupent ensemble une localité,* l'infanterie est placée dans la partie la plus rapprochée de l'ennemi, et fournit, surtout la nuit, les postes d'intérieur et de sûreté situés en dedans ou auprès de la lisière de la localité.

Dans le voisinage de l'ennemi, on ne fait généralement *aucune sonnerie.* Si l'on craint une attaque, on bivouaque ou l'on réunit hommes et chevaux dans des maisons d'alarme (granges).

Les chevaux restent sellés et les hommes habillés auprès de leurs chevaux. On desselle toutes les douze heures par moitié. Cette réunion d'hommes et de chevaux dans des maisons d'alarme est ordonnée surtout la nuit, lors même que le voisinage de l'ennemi n'est qu'une possibilité.

En pareil cas, il n'est pas prudent d'occuper des localités qui sont trop étendues. Il faut resserrer le cantonnement et faire fouiller par des patrouilles, pendant la nuit, la partie inoccupée.

Les postes ou sentinelles qui entendent des coups de fusil ou un bruit insolite, etc., dans le voisinage du cantonnement, ou qui remarquent quelque chose d'anormal pouvant faire supposer la présence de l'ennemi, en font aussitôt donner connaissance au commandant du cantonnement.

Malgré toutes ces mesures de précaution, si l'on est surpris par l'ennemi avant que les hommes aient pu monter à cheval, on barricade les portes cochères et les portes, et on reçoit l'ennemi à coups de carabine, etc., par les fenêtres ; pendant ce temps, des hommes sont désignés pour seller rapidement les chevaux, afin de pouvoir poursuivre l'ennemi, ou en cas de nécessité se frayer un passage.

Dans le voisinage de l'ennemi, les bagages sont parqués en arrière de la localité, et de manière à être facilement mis en route. Si l'on s'attend à une attaque, les voitures doivent être attelées pendant la nuit.

Si l'on reste quelque temps dans le même cantonnement, les escadrons sont réunis deux fois par jour pour l'appel. Les logements du commandant du cantonnement et des autres commandants sont désignés par des couronnes de paille (la nuit par des lanternes), l'hôpital par le drapeau de la convention de Genève ; les logements des maréchaux-des-logischefs, etc., sont aussi désignés. (Voir première partie, chapitre IV.)

A toutes les issues du cantonnement, à tous les carrefours dans l'intérieur et dans le voisinage du cantonnement, on place des poteaux indicateurs.

4. CANTONNEMENT DE PAIX. — Le service y est réglé, et en particulier celui des postes intérieurs, comme en garnison. Pour tout le reste, on se conforme aux règles prescrites pour le cantonnement de guerre, à l'exception de celles qui sont relatives aux mesures de sûreté contre l'ennemi. On ne place donc ni postes de sûreté ni sentinelles aux issues.

On peut faire les sonneries pour faciliter la transmission des ordres de service. La désignation des logements des chefs et le placement des poteaux indicateurs ont lieu comme dans le cantonnement de guerre, quand on reste quelque temps dans le même cantonnement.

Lorsque des autorités supérieures sont cantonnées avec les troupes, il leur est fourni des postes particuliers, savoir :

A un général d'infanterie ou de cavalerie : 1 officier, 1 sous-officier, 1 trompette et 15 hommes, et s'il est général-commandant : 1 sous-officier et 15 hommes de plus.

A un lieutenant-général : 1 sous-officier et 15 hommes, et s'il est commandant de corps : 1 officier, 1 sous-officier, 1 trompette et 20 hommes.

A un major-général : 1 sous-officier et 12 hommes.

CHAPITRE II

Du bivouac.

1. Considérations générales. — Un bivouac en dehors des localités n'est établi, en temps de guerre, que lorsque les circonstances exigent que l'on soit tout prêt à combattre. Sinon, on utilise, autant que possible, les localités très-rapprochées, même quand on doit tenir les troupes massées.

Dans le choix de l'emplacement d'un bivouac, on tient toujours compte de la bonne installation des troupes, autant que le permettent les circonstances de guerre. On cherche à le placer à l'abri du vent, et on évite, autant que possible, un sol humide.

Il est à désirer que ce qui est nécessaire dans un bivouac, et particulièrement l'eau, ne se trouve pas trop éloigné, ainsi que l'abreuvoir pour les chevaux.

Il est important de maintenir en bon état les voies de communication entre le bivouac et le champ de bataille probable, ainsi que toute autre voie que l'on peut être obligé de suivre.

Dans le *bivouac* de *grands corps de troupes*, on observe en général l'*ordre de bataille*, en plaçant l'arme qui est la plus tôt prête au combat, l'infanterie sur les points les plus exposés à une attaque de l'ennemi, et la cavalerie et l'artillerie dans des endroits protégés contre les surprises, soit par l'infanterie, soit par les accidents du terrain.

Le terrain nécessaire au moins à un régiment de cavalerie (non compris l'emplacement des postes) est de 200 pas (1) environ de *front* (y compris la place d'alarme), et 260 pas environ de profondeur, ou bien 290 pas pour cinq escadrons.

Entre un régiment de cavalerie et des troupes d'une autre arme, l'intervalle est de 20 pas.

Selon la direction du vent, des modifications peuvent être apportées dans le placement des latrines et des cuisines, mais toutefois avec le consentement du commandant du camp.

Quand l'espace manque, il y a moins d'inconvénients dans la cavalerie à placer les régiments les uns derrière les autres, parce que les cuisines sont placées sur les côtés du bivouac.

2. SERVICE AU BIVOUAC. — Dans tout grand bivouac, le commandant supérieur désigne un officier pour remplir les fonctions de commandant de camp, s'il ne veut pas les remplir lui-même. Ce commandant de camp règle et surveille le service intérieur pour tout ce qui est relatif à l'ordre, et prend les mesures nécessaires pour la sûreté du

______

(1) Un pas = 80 centimètres, ou cinq pas = 4 mètres.

camp. Il établit son bivouac vers le milieu du front du camp, sur un point bien en vue et facile à trouver.

Sont commandés *de jour :* un capitaine par régiment de cavalerie et un lieutenant par escadron.

Ces officiers restent en tenue de service et reçoivent leurs instructions du commandant du camp, auquel ils se présentent en prenant le service de jour. Ils le secondent, transmettent ses ordres aux troupes auxquelles ils appartiennent, exercent sur elles une surveillance particulière et visitent leurs postes le jour et la nuit.

Pour seconder l'officier de jour et pour visiter les postes fournis par chaque régiment, il est commandé un lieutenant comme *officier de ronde.* Cet officier, dès son arrivée au bivouac, se présente au capitaine de jour de son régiment.

Dans chaque régiment, etc., sont en outre commandés deux sous-officiers qui se tiennent généralement auprès des postes intérieurs et secondent l'officier de jour pour le maintien des réglements de police. Ils veillent à ce que l'on ne fasse cuire les aliments qu'aux cuisines, à ce qu'il n'y aît ni bruit ni désordre dans les cantines, à ce que tout reste tranquille après la retraite, et à ce que les feux soient éteints avant le départ du camp.

Pour protéger le camp contre toute surprise de la part de l'ennemi, on établit des *postes du camp* (1), et, pour surveiller l'intérieur du bivouac, des *postes intérieurs*.

Lorsque la cavalerie fournit les postes du camp, elle fait ce service à cheval (2), comme aux grand'-gardes.

Dès l'arrivée au bivouac, le commandant du camp détermine l'emplacement des postes du camp de manière qu'ils entourent le bivouac, à une distance de 200 à 300 pas. C'est alors qu'il faut apporter la plus grande attention pour faire occuper par des postes les points favorables du terrain, tels que les défilés et les chemins.

Le commandant du camp est autorisé, dans des cas particuliers, — lorsque l'on est très-loin de l'ennemi, par exemple, — à ne pas établir de *postes du camp*.

L'emplacement des *postes intérieurs* — ils ne peuvent jamais être supprimés — est fixé par l'officier de jour de chaque corps de troupes.

Chaque poste du camp fournit en règle : 1 sentinelle devant les armes et 2 vedettes à droite et à gauche du poste, à environ 100 pas et en avant, de manière à ce qu'elles forment un cordon que personne ne puisse franchir sans être vu.

(1) Les postes du camp établis pour protéger ses flancs se nomment : *postes de flanc ;* ceux qui sont placés sur les derrières : *postes d'incendie.*

(2) Cependant elle est à pied, dans la plupart des cas, aux *postes d'incendie,* à cause de la nature de leur service.

En conséquence, un poste de camp se compose habituellement de :

1 sous-officier;

2 gefreites pour relever les sentinelles et pour rendre compte;

1 trompette et

16 cavaliers (y compris un calefactor).

Dans certaines circonstances, le commandement du poste est confié à un officier.

Le *poste intérieur*, nommé poste de l'étendard, dans l'infanterie poste du drapeau, dans l'artillerie poste du parc, fournit les sentinelles ci-dessus désignées, et celles que peuvent nécessiter des circonstances particulières.

Les postes du camp, de flanc ou d'incendie, leurs sentinelles doubles et leurs sentinelles devant les armes, ont les mêmes consignes que dans les grand'gardes. Toutes les sentinelles font face au dehors et tournent le dos au camp.

Toutes les personnes arrêtées ou suspectes sont consignées au poste d'incendie du régiment. La ligne des sentinelles ne peut être franchie, pour entrer au camp ou pour en sortir, qu'aux places occupées par les postes. Le jour, les sentinelles laissent passer les officiers et les détachements appartenant à leur régiment, et arrêtent tous les autres pour les faire conduire au poste, où ils sont interrogés. La nuit, elles agissent de même envers toute personne qui se présente, à l'exception seule des officiers de service. Le chef de poste prend alors une décision, ou, en cas de doute, s'adresse à l'officier de jour.

Les postes et sentinelles doivent observer attentivement le terrain en avant et, s'il est possible, les avant-postes; envoyer au besoin des patrouilles pour reconnaître ce qui se passe et prévenir aussitôt le commandant du camp de tout fait insolite.

Le *service* des *postes intérieurs* et des *sentinelles* se fait comme en *garnison*. Toutes les sentinelles des postes intérieurs sont à pied.

Chaque régiment dispose lui-même son bivouac dans la place qui lui est assignée, commande les corvées pour aller chercher l'eau, etc., et prend ses mesures de police.

Lorsqu'une localité, une fontaine, un abreuvoir, etc., doivent servir à plusieurs régiments, le commandant du bivouac donne les ordres nécessaires, et prend au besoin les mesures pour empêcher l'ennemi de détruire tel ou tel point.

Le commandant du bivouac fait aussi, avant la tombée de la nuit, donner, par les officiers de jour, les *mots d'ordre* et de *ralliement* aux régiments, postes, officiers et sous-officiers de service. Il fixe lui-même ces mots (contre la règle), quand ils ne lui ont pas été donnés en haut lieu. Il détermine aussi la composition des piquets qui peuvent être nécessaires pour la nuit, et prend les mesures de sûreté qui lui paraissent utiles, décide

si la retraite sera sonnée et à quelle heure, ou bien
à quel moment le silence devra régner dans le
camp.

Lorsque le *bivouac* est *assez éloigné de l'ennemi*
pour que sa position ne puisse lui être révélée
par le bruit, le commandant en chef ou bien le
commandant du camp fait sonner la *retraite* à
l'heure qu'il a fixée par tous les trompettes des
régiments, ou bien par les trompettes de chaque
régiment, successivement et en commençant par
celui qui est placé à l'aile droite de la première
ligne. En pareil cas, les *musiques* peuvent aussi
jouer. Les escadrons se réunissent sur la place
d'alarme pour l'appel, et font la prière du soir (1),
puis tout le monde va se coucher.

Le commandant du camp fixe aussi l'heure du
réveil, qui n'est sonné que lorsque l'éloignement
de l'ennemi le permet, et seulement par le trompette de garde. En règle, le trompette de garde du
régiment placé à l'aile droite fait le premier la
sonnerie, que répètent successivement et de la
droite à la gauche les trompettes de garde des autres régiments.

Les sonneries « alarme » et « au feu » sont
aussitôt répétées par tous les trompettes.

3. ENTRÉE AU BIVOUAC ET DISPOSITIONS A PREN-
DRE. — La cavalerie bivouaque toujours en colonne

---

(1) Comme dans le service de garde en garnison.

par escadron. Le régiment se place dans cet ordre sur le terrain qui lui est assigné : la tête de colonne au front de bandière, les escadrons à demi-distance. Le sabre est remis au fourreau.

Le commandant du régiment commande :

« Deuxième rang, demi-tour. — Marche, en avant! » Et lorsque le deuxième rang arrive à dix pas du premier rang de l'escadron placé derrière lui, il commande : « Halte ! »

Les cavaliers des deux rangs prennent entre eux des intervalles égaux au quart du front occupé par chacun d'eux, de manière que le mouvement terminé, chaque rang occupe 1 1/4 du front de l'escadron : les cavaliers des premiers rangs en appuyant à gauche, ceux des deuxièmes rangs en obliquant à droite, c'est-à-dire vers la gauche de l'escadron ; tous se préparent à mettre pied . à terre sans commandement.

On commande alors : « Pied a terre (1)! »

(1) Les commandants d'escadron répètent ces commandements.

Bivouac d'un régiment de cavalerie.

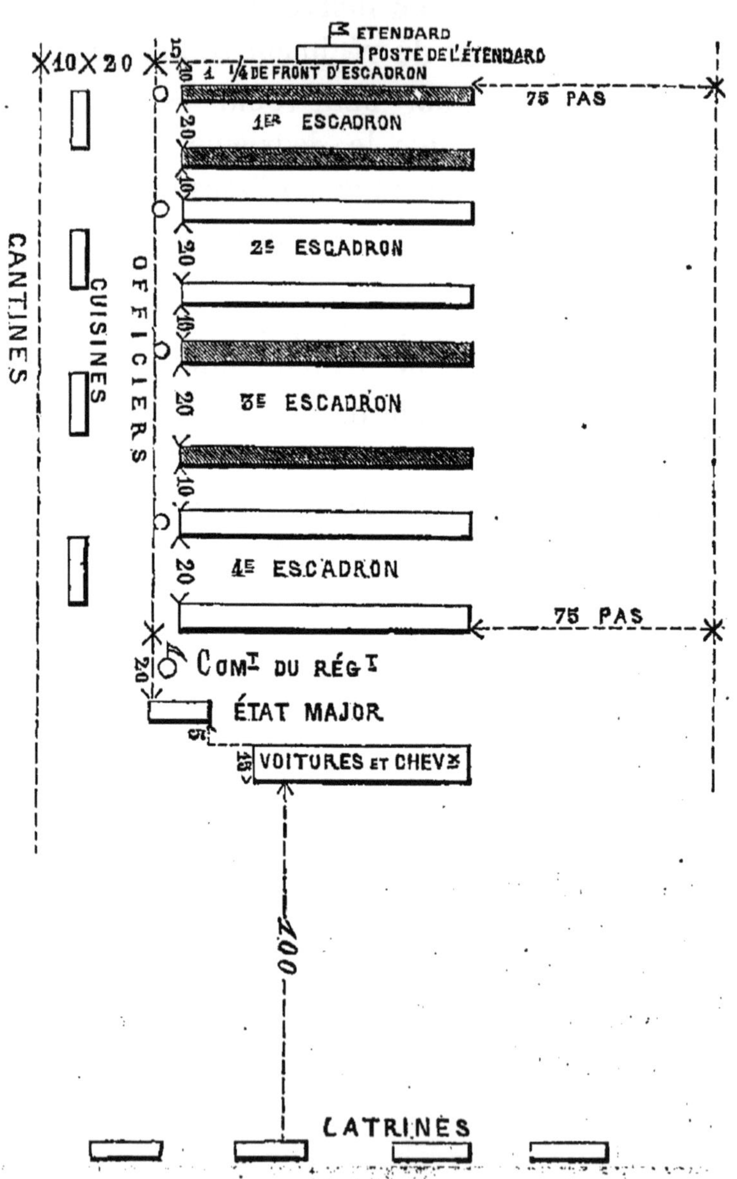

Remarques. — 1. Un pas = 0^m 80.

2. En temps de paix, on laisse derrière le quatrième escadron la place nécessaire au cinquième escadron.

3. Les postes d'incendie et de flanc doivent entourer tout le bivouac à une distance de 200 à 300 pas.

Dès qu'on a mis pied à terre, l'étendard est porté et planté devant le milieu du front du régiment par le plus jeune officier du régiment et un sous-officier.

En même temps, les hommes commandés pour le poste de l'étendard se rendent à l'endroit désigné pour le poste ; le lieutenant de jour s'y rend aussi et place les sentinelles.

Elles sont généralement réparties de la manière suivante :

1 sentinelle devant l'étendard et en même temps devant les armes (1) ;

1 sentinelle.devant le commandant du régiment;

1 sentinelle aux voitures.

Pour ce service, sont habituellement commandés de garde par régiment :

1 sous-officier;

1 trompette;

1 gefreite et

9 hommes.

____

(1) Elle se tient à droite et auprès de l'étendard.

Lorsqu'une garde du camp doit être fournie, l'officier de jour la place d'après les indications du commandant du camp.

Lorsque le poste prend les armes, il se forme sur un rang derrière l'étendard, le sous-officier à la droite, et le trompette à un pas à droite du sous-officier ; lorsqu'il se retire, le trompette pose son instrument à côté de l'étendard.

Dans chaque escadron, un gefreite et six hommes (deux factionnaires) sont commandés de garde d'écurie pour empêcher les chevaux de se rouler avec leurs selles, d'arracher les piquets et de s'échapper, et veiller aussi à ce que rien ne soit dérobé.

4. Répartition des hommes pour les premiers travaux (1). — *L'écurie de l'escadron est installée* dès qu'on a mis pied à terre.

Les piquets sont bien alignés, également espacés (environ 1^m 50), un peu inclinés vers l'extérieur et solidement enfoncés. Il y a, autant que possible, un piquet par cheval, en outre deux piquets pour les extrémités et un poteau pour chaque angle de l'écurie.

---

(1) La désignation des numéros pour les différents travaux n'est donnée que comme exemple. Ce qu'il importe, c'est que les hommes soient commandés d'avance pour chaque opération ; que le temps, souvent très-court, soit utilement employé ; que les différents travaux soient promptement commencés, et que les forces dont on dispose soient bien réparties.

Puis on fixe les cordes de campement aux piquets, en ayant soin de ne pas les enrouler trop haut.

Les numéros 1 sont désignés pour enfoncer les piquets, les numéros 2 pour fixer les cordes de campement, pendant que les numéros 3 des rangs impairs de trois tiennent les chevaux en se servant du système d'attache nommé serpentine.

Les rênes de bride sont placées par dessus l'encolure, et les chevaux attachés ensemble par six, de manière que les rênes des numéros 1 et 6 soient fixées par un nœud coulant aux rênes des numéros 2 et 5, et celles-ci aux numéros 3 et 4, qui sont eux-mêmes attachés ensemble.

Tous les hommes débouclent les marmites (les sortent de leurs étuis); les numéros 3 des rangs pairs de trois de chaque peloton, en tout 16 hommes, sont désignés pour aller à l'eau sous la conduite du sous-officier de l'aile gauche. Ils reçoivent à cet effet huit perches (apportées sur des voitures en temps de paix, et prises sur place en campagne) ; ils y suspendent les marmites par peloton et par rang, de sorte que les deux hommes du même rang d'un peloton vont chercher l'eau pour leur rang.

Quand on doit retourner plusieurs fois à l'eau, on change les numéros, et le maréchal-des-logis-chef règle toujours ce service à l'avance, afin que l'on puisse aller à l'eau immédiatement après l'arrivée au bivouac.

Le sous-officier commandé pour ce service s'informe auprès du commandant de l'escadron de l'endroit où l'eau doit être prise.

Lorsque les chevaux sont attachés, trois hommes par peloton sont désignés pour installer les cuisines. Ce travail s'exécute sous la direction du sous-officier chargé de veiller à la cuisson des aliments.

Ces mêmes hommes *fendent le bois* et le disposent sur le foyer.

Pour diviser la viande, on désigne environ trois hommes suffisamment habiles (des bouchers). Ils sont pourvus dans ce but de haches de campagne.

5. PLACEMENT DES EFFETS D'HABILLEMENT, D'ARMEMENT ET DE HARNACHEMENT. — Lorsque l'*ordre* est *donné de décharger les chevaux,* on les *débride* et on les *attache.*

Les armes sont placées à trois pas en avant des têtes des chevaux. Le sabre (la lance est à un demi-pas à droite) est planté en terre, la coquille vers l'extérieur, ainsi que l'écusson de la sabretache ; la coiffure sur le sabre, la visière vers l'extérieur ; la banderole de giberne sur la coiffure, la giberne vers l'extérieur ; les gants dans la coiffure ou la sabretache. Les hommes prennent la casquette.

Les cuirassiers placent la cuirasse autour du sabre, le plastron en avant, la giberne en arrière et suspendue à la cuirasse ; les gants entre le plastron et le dos.

Les brides sont placées à droite et auprès des armes, le dessus de tête vers le cheval. Les uhlans attachent les brides à la lanière de la lance.

Les sangles sont desserrées dès qu'on est arrivé au bivouac. On ne desselle que trois quarts d'heure après l'arrivée de l'escadron au bivouac. Cette opération n'a lieu que sur un ordre particulier.

L'ordre de décharger les chevaux a été préalablement donné : l'homme enlève le paquetage qu'il place à côté du sabre, et le bissac qu'il place à trois pas en arrière du cheval. La carabine reste à la selle.

Si le paquetage doit rester sur la selle, afin que la troupe soit plus rapidement prête à marcher en cas d'alerte, on ne l'enlève que pour les soins de propreté, et, autant que possible, on le replace immédiatement après.

L'ordre de desseller étant donné, on pose les selles à terre, autant que possible sur une couche de paille ou de feuilles, à côté des bissacs, à trois pas en arrière des chevaux et sur le même alignement, l'arcade de devant vers les chevaux. Le poitrail, les sangles, etc., sont relevés sur la selle, — dans la selle hongroise, le tout est recouvert avec les coins de la schabraque, — les étriers relevés et croisés par dessus. Le bissac est ensuite placé

sur le siége, et par dessus le tout la couverture
pliée comme pour seller.

Les armes sont protégées contre l'humidité de
la nuit par de la paille affectant la forme d'un
cône et réunie à son sommet par un lien. Le harnachement peut être protégé de la même manière.

Si les chevaux doivent être couverts pendant la
nuit ou par une température rigoureuse, l'ordre
en est donné.

Les hommes doivent toujours replacer dans les
sacoches, etc., les effets d'habillement, etc., dès
qu'ils n'en ont plus besoin, afin d'être, en toute
circonstance, prêts à partir.

6. MESURES DE POLICE. — Une cuisine est établie à côté de chaque escadron, et il est formelle-
ment interdit de faire du feu dans les rues des
escadrons ou dans celles des cuisines. Il est aussi
défendu de fumer dans le voisinage des fourrages,
ou bien dès que la litière est faite. Il faut apporter la plus grande attention lorsqu'il y a de la lumière dans les baraques, etc.

Les voitures à bagages sont rangées à la place
indiquée par le dessin ci-dessus, les flèches tournées vers l'extérieur.

A cent pas derrière les voitures à bagages sont
placées les latrines (une par escadron), comblées
et renouvelées chaque jour. Personne ne peut faire
ses nécessités dans un autre endroit, à proximité

du bivouac, et les sentinelles et les patrouilles doivent y veiller.

L'ordre et la propreté dans le bivouac et aux alentours exercent une grande influence sur la santé ; tout supérieur doit veiller à leur maintien.

La paille de couchage est relevée et liée tous les matins.

De la retraite au réveil, tout soldat doit se trouver dans son escadron. S'il a besoin, pendant ce temps, d'aller aux latrines, il en prévient le sous-officier de jour et celui de la garde d'incendie, à l'aller et au retour. Pendant le jour, le soldat ne peut quitter le bivouac sans permission et sortir de son escadron sans en prévenir son sous-officier. Toute infraction à ces prescriptions est punie comme absence illégale étant de service.

Les *sous-officiers* et *trompettes de jour* se présentent, avant de prendre leur service, au commandant de l'escadron, au capitaine *de jour*, au lieutenant *de jour* dans l'escadron et au maréchal-des-logis-chef. Ils conservent jour et nuit la giberne, mais font tout leur service dans l'intérieur du camp avec la casquette, comme le reste de la troupe.

Le *capitaine de jour*, après avoir pris les ordres du commandant de régiment, fixe les heures pour seller et pour desseller, pour les repas des chevaux et pour l'abreuvoir, et l'ordre dans lequel les escadrons iront à l'abreuvoir. Lorsque plusieurs régiments campent ensemble, le *commandant du camp* fixe l'ordre dans lequel les régiments iront à l'abreuvoir.

Le *capitaine de jour* a la surveillance des postes et des sentinelles, et la haute police du camp du régiment, particulièrement pour ce qui concerne les bagages et les cantiniers. Il commande les sous-officiers de jour pour faire des patrouilles dans le camp, à la nuit tombante, et veiller à l'ordre général.

Les *sous-officiers de jour* surveillent la garde d'écurie, et lui font nettoyer et mettre en ordre l'écurie, pendant que l'escadron est à la manœuvre, etc., et à l'abreuvoir.

Ils veillent à ce qu'il n'y ait pas d'accident causé par le feu, à ce que les hommes de garde d'écurie ne fument pas dès que la litière est faite, et à ce qu'ils se conduisent bien.

Ils arrêtent tous les hommes qu'ils rencontrent en dehors du camp après la tombée de la nuit.

7. SERVICE INTÉRIEUR AU BIVOUAC. — Tout homme qui n'est pas de service donne les repas à son cheval, et tous les chevaux les reçoivent en même temps. On ne donne jamais aux chevaux plus de deux litres d'avoine à la fois. L'homme met l'avoine dans la musette dont il soulève le fond avec la main, afin d'habituer le cheval à appuyer la musette sur la corde ou sur le piquet. Le cheval dépensant plus de forces au camp qu'en

temps ordinaire, il est important de lui faire manger toute sa ration. Aussi faut-il lui donner l'avoine par petites portions, parce que, avec de grosses portions, l'avoine s'échauffe et répugne au cheval. L'avoine qui reste dans la musette est séchée à l'air, et la musette est fréquemment lavée. Le foin doit être placé en dehors des cordes, de manière que les chevaux puissent l'atteindre sans le fouler aux pieds.

Avant la retraite, on empile en ordre, dans la rue de l'escadron, la *paille* et le *foin* qui restent.

Le sol des écuries doit être nivelé et ne pas former pente de l'arrière à l'avant des chevaux. En temps de pluie, on pratique des rigoles d'écoulement pour les eaux.

Les extrémités de l'écurie sont fermées avec des cordes de campement, auxquelles on attache des bouchons de paille pour empêcher les chevaux détachés de se sauver. Le crottin est enlevé le plus souvent possible ; la litière est enlevée le matin et portée sur un endroit sec. Les paturons doivent être tenus très-propres, car la boue et l'eau déterminent facilement des crevasses.

On monte à cheval trois fois par jour pour aller à l'abreuvoir : le matin, après le pansage ; à midi ou l'après-midi, après la botte, et le soir, après le dernier repas. Les hommes sont en tenue d'écurie, les chevaux avec la couverture, le filet adapté au licol.

Chaque escadron se forme dans la rue de l'écurie, et on ne fait partir que lorsque tout le monde est réuni. On rompt par deux, les hommes qui n'ont pas de chevaux de main en tête; aucun homme ne peut avoir plus d'un cheval de main. Les sous-officiers sont répartis dans la colonne par le maréchal-des-logis-chef. L'*officier de jour* marche en tête, le maréchal-des-logis-chef en queue; il est défendu de tracasser les chevaux. On ne marche qu'au pas. Les cavaliers peuvent alors rapporter dans leurs marmites l'eau nécessaire pour cuire les aliments, pour boire ou pour laver.

Les abreuvoirs sont habituellement reconnus d'avance par le sous-officier-quartier-maître et désignés par le *capitaine de jour*. Sinon, on s'assure d'abord de la nature du fond et de la profondeur de l'eau. Il faut empêcher les chevaux de se coucher dans l'eau ou de la troubler. On doit les laisser boire à leur soif.

Les chevaux ne devant entrer dans l'eau que par petits groupes, on ne fait souvent sortir du camp que par demi-escadron, avec un quart d'heure d'intervalle, pour éviter de faire attendre inutilement. Autant que possible, chaque groupe n'entre dans l'eau que lorsqu'elle a repris sa limpidité.

Lorsque l'on fait boire aux auges, chaque escadron doit aller à celles qui lui sont assignées et ne peut se servir des auges des autres régiments.

Le retour a lieu au pas et en ordre. On évite de faire aller les chevaux dans la poussière. En arrivant au camp, on leur bouchonne les jambes.

8. BIVOUAC DES AVANT-POSTES. — Tout est *préparé* pour que l'on *prenne rapidement les armes*. La nuit, les hommes sont toujours complètement équipés. Lorsqu'une partie du régiment a sellé, les gardes d'écurie sont également en tenue complète, et, dans la cavalerie légère, ils ont la carabine à la grenadière.

Dès que la nuit tombe, les sentinelles du bivouac ont la carabine (ou le pistolet) chargée. En cas de surprise, ils se replient sur leurs postes, sans attendre qu'on les vienne relever.

Au bivouac des avant-postes, il est généralement défendu de faire aucun bruit, par conséquent de la musique; dans ces cas, toute sonnerie est supprimée, et le feu est défendu.

Lorsqu'il est permis de faire du feu au bivouac, on doit avoir quelques pelles et un seau d'eau auprès de chaque feu pour pouvoir l'éteindre immédiatement en cas de besoin.

Aux avant-postes, il n'est jamais accordé de permission de quitter le bivouac. Tous les hommes y restent réunis.

Pour aller à l'abreuvoir, les chevaux des avant-

postes sont toujours chargés, les hommes complètement équipés et armés; lorsque cela est possible,
le filet est adapté au licol, et la bride est au bras
des cavaliers.

(Voir plus loin : Des avant-postes.)

9. Sortie du bivouac. — Les troupes ne sortent du bivouac que sur un ordre particulier, et
alors toujours en casquette, sans sabre et sans
armes.

Les escadrons se rangent dans le même ordre
qu'au bivouac sur la place d'alarme, les officiers
en sabre et formés sur un rang devant le front.

Les hommes au bivouac ne quittent pas leurs oc-
cupations lorsque passent des supérieurs; ils ne
se lèvent que lorsqu'ils sont interpellés ou appelés
par eux.

10. Conduite en cas d'alarme. — En cas
d'alarme (qu'elle soit sonnée ou motivée par une
attaque imprévue), le cavalier selle et charge aussi
rapidement que possible, prend ses armes, monte
à cheval et se dirige vers la place d'alarme; les
voitures sont attelées.

Aussitôt qu'un escadron (ou régiment) est prêt
à partir, son commandant fait prévenir son chef
direct et le commandant du camp.

Les postes du camp restent à leurs places jusqu'à ordre contraire. Quand ils sont à pied, les
chevaux leur sont amenés des escadrons aussitôt
que possible.

Les postes intérieurs ont la surveillance du matériel, etc., resté au camp, et ne partent que lorsque tout est chargé et prêt à être mis en route.

11. DÉPART DU BIVOUAC. — Une heure avant le départ des troupes, le commandant du bivouac fait sonner le boute-selle par un des postes intérieurs, si toutefois l'éloignement de l'ennemi le permet.

Un quart d'heure avant le départ, tous les postes rentrent à leurs escadrons. Les deux rangs font face à la rue de l'écurie. On se compte par trois, et l'on reste aligné et en silence.

En même temps, le plus jeune officier du troisième escadron et le porte-étendard vont prendre l'étendard. Ils sont à cheval. Le porte-étendard prend l'étendard à la botte et reste face à l'extérieur; l'officier se place devant lui, le sabre à la main. La sentinelle se retire.

Après le commandement *à cheval,* les hommes serrent d'eux-mêmes sur l'aile extérieure. Les chefs de peloton se placent devant le premier rang de leurs pelotons. Le commandant du régiment commande : « PREMIER RANG, DEMI-TOUR ! » — « MARCHE ! » — « EN AVANT ! » — « PREMIER RANG, HALTE ! » — RÉGIMENT, FRONT ! » — « HALTE ! » Les commandements sont répétés par les commandants d'escadron. Les escadrons se dirigent ensuite vers la place d'alarme. Toutes les voitures restent attelées à leurs places de bivouac et ne partent que lorsque l'ordre est donné.

12. ALLOCATIONS. — Au bivouac, chaque sous-officier et soldat reçoit 5 kilogrammes de paille de couchage par jour.

Dès qu'un bivouac est levé, on doit lier la paille, la mettre en tas, et si elle ne doit pas rester la propriété du fournisseur, la faire garder jusqu'à ce qu'elle soit vendue par l'employé de l'intendance désigné *ad hoc*. Les troupes sont rendues responsables de toute quantité de paille perdue ou brûlée à dessein.

Pour les cuisines et pour le chauffage, il est alloué 12 1/2 mètres cubes de bois tendre par jour (vingt-quatres heures) à un régiment de cavalerie de cinq escadrons (y compris les officiers, les postes, etc.); cette allocation peut être augmentée de 1 mètre cube et 1/6 au plus, lorsque la température est rigoureuse.

CHAPITRE III

De la guerre et du service en campagne en général.

1. BUT. — Le but sérieux pour lequel on instruit le soldat, c'est *la guerre*.

La guerre est toujours faite pour le bien de la patrie. Comme notre Empereur et Chef ordonne *quand* et *où* sera faite la guerre, il se nomme : *notre chef de guerre*.

Le but de la guerre est d'anéantir, par tous les moyens, le plus promptement possible les forces de l'ennemi, de le réduire ainsi à l'impuissance, et de le forcer à accepter les conditions de notre Chef de guerre, ou bien à abandonner ses injustes prétentions.

2. LA GUERRE PROPREMENT DITE OU GRANDE GUERRE se compose de batailles décisives, siéges, etc.

Les intervalles entre ces grandes opérations sont remplis par ce que l'on nomme la petite guerre.

3. LA PETITE GUERRE à pour but, en général, de préparer les grandes operations ou bien de nuire à l'ennemi, enfin de défendre contre ses attaques des troupes qui ne peuvent encore être employées. Le service dans la petite guerre se nomme de pré-

férence : *service en campagne. Les troupes légères* y sont plus particulièrement employées.

La connaissance approfondie du service en campagne est de la plus haute importance. C'est de l'habileté, de la circonspection et de l'aptitude du soldat que dépendent et son sort et celui de ses officiers et de ses camarades. C'est sur sa fidélité et sur sa valeur que l'on se fie pour atteindre le but de la guerre.

En campagne, le soldat est souvent appelé à *agir isolément et à ne prendre conseil que de lui-même ;* aussi est-il nécessaire qu'il soit instruit, en temps de paix, de tout ce qu'il peut être appelé à faire en campagne. *Puisse tout jeune soldat employer son temps pendant la paix à se rendre apte à faire la guerre !*

L'instruction théorique doit précéder les exercices pratiques du service en campagne.

Que les instructeurs des jeunes soldats comprennent la nécessité d'apporter dans l'accomplissement de leurs devoirs toute leur attention et toute leur activité, et s'efforcent d'inspirer à leurs élèves le zèle et l'amour du service.

Que les élèves s'efforcent de bien comprendre tout ce qui leur est enseigné ; qu'ils cherchent à s'en pénétrer dans leurs conversations, soit au poste, soit à la caserne, soit dans leurs promenades, jusqu'à ce qu'ils aient une idée nette de ce qu'on leur a expliqué ou donné à lire.

Un bon moyen de se graver les instructions sur le service en campagne, c'est de se représenter, par la pensée, la petite opération de guerre qui fait le sujet de l'instruction. Les instructeurs et les anciens soldats qui ont l'expérience de la guerre viendront volontiers en aide aux jeunes soldats, et l'on arrivera peu à peu à bien connaître la conduite à tenir dans les différentes circonstances.

Par cette instruction théorique, on arrivera bientôt à une exécution correcte dans la pratique, d'abord dans les manœuvres, puis en campagne.

4. Les principales qualités d'un bon soldat en campagne sont : *le courage, la présence d'esprit, l'adresse, la persévérance au milieu des fatigues, et la ruse, quand elle est nécessaire.*

Le *bon soldat en campagne,* qu'il soit seul ou avec un petit nombre de camarades, doit toujours avoir confiance en lui-même, attendre avec calme les événements et leur faire face avec assurance et audace.

En vedette ou en *pointe d'avant-garde,* il doit, aussi longtemps que ce poste important lui est confié, apporter une vigilance de tous les instants, afin que ses camarades puissent reposer sans inquiétude ou le suivre avec sécurité.

Le soldat éprouve un grand et noble sentiment quand il se dit : « *Les camarades peuvent dormir, car je veille !* » — « *Les camarades n'ont rien à craindre, car j'observe l'ennemi !* »

Quelque grande peine que donne l'accomplissement d'un devoir, plus grande encore est la reconnaissance pour le service rendu.

Un tel soldat aura l'estime et l'affection de ses
chefs et de ses camarades ; l'Empereur et la Patrie le remercieront et le récompenseront. Son
honneur et sa gloire vivront plus longtemps que
lui, et ses enfants parleront avec fierté des exploits
de leur père.

Voyez ces guerriers, décorés de la Croix-de-Fer
et d'autres insignes militaires ! Dans les temps difficiles, ils ont fait un rempart de leurs corps autour
du trône de notre Empereur bien-aimé, et scellé
la victoire de leur sang ! — Voyez ces braves soldats qui ont combattu fidèlement et vaillammant
pour l'honneur, l'unité, la gloire et la grandeur
de la Prusse et de l'Allemagne ! — Voyez-les tous,
et marchez sur leurs traces ! *Si l'Empereur nous
appelle de nouveau aux armes,* soyez braves comme
eux, et montrez-vous dignes du nom prussien.

CHAPITRE IV

Quelques explications générales et notions pratiques relatives au service en campagne.

1. ÉTABLISSEMENT DES TROUPES EN CAMPAGNE. — En campagne on n'a pas toujours à se battre ou à marcher. On est souvent obligé de s'arrêter, soit pour le repos à donner aux troupes, soit pour d'autres motifs. Dans ces cas, les troupes *cantonnent, campent* ou *bivouaquent*.

Les troupes *cantonnent* lorsqu'elles sont logées dans des villes, villages ou autres lieux habités.

Elles *campent* lorsqu'elles sont établies sous la tente ou dans des baraques.

Elles *bivouaquent* lorsqu'elles couchent en plein air. En conséquence, le lieu où séjournent les troupes se nomme : *cantonnement, camp* ou *bivouac* (1).

Les cantonnements offrent plus de commodités et de ressources que les camps ou les bivouacs.

Mais comme on ne peut établir beaucoup de troupes dans un même endroit, on ne *cantonne* que

____

(1) Voir les chapitres I et II, ci-dessus.

lorsqu'on est peu nombreux, ou lorsqu'on est encore à quelque distance de l'ennemi.

On campe lorsque l'on a de grands rassemble-
ments de troupes, et que l'on prévoit rester quelque temps dans une contrée.

Un bivouac n'offre d'autres commodités que le
bois et la paille (quand on peut se procurer les
deux); on s'y installe pour une nuit, et même pour
plusieurs, si les circonstances l'exigent.

On bivouaque toujours lorsqu'on est très-près
de l'ennemi. On a ainsi une plus grande sécurité,
et l'on se porte plus rapidement au devant de l'ennemi que si l'on était cantonné.

2. LES TROUPES EN MARCHE se protégent, en
pays ennemi ou dans le voisinage de l'ennemi, par
une *avant-garde,* une *arrière-garde* et des *patrouilles de flanc.*

Une avant-garde (voir chapitre VII) est une
petite troupe qui marche à une certaine distance
en avant d'une troupe plus nombreuse pour la
protéger.

Une arrière-garde (voir chapitre VIII) marche,
dans le même but, à une certaine distance en arrière.

L'avant-garde et l'arrière-garde se protégent
elles-mêmes par quelques hommes, que l'on nomme
pointe.

Les *patrouilles de flanc* (voir chapitre IX) couvrent les flancs de troupes en marche, Elles se

protégent elles-mêmes par quelques cavaliers, que l'on nomme *flanqueurs*.

Le *gros* est la portion principale d'une troupe qui marche ou combat.

3. Pour que des *troupes au repos* jouissent d'un véritable repos, on les entoure, du côté de l'ennemi, *d'avant-postes* qui veillent à leur sûreté.

La partie la plus rapprochée de l'ennemi est encore protégée par des grand'gardes (voir chapitre XIV), qui placent des sentinelles doubles, nommées dans la cavalerie *vedettes*. (Voir chapitre XIII.)

Les grand'gardes trouvent, tout près, des renforts dans les piquets (soutiens et replis). (Voir chapitre XVI.)

Un piquet (voir chapitre XVI) sert à soutenir ou à recevoir la grand'garde, ou à occuper un point important du terrain; en conséquence, un piquet est un *soutien* ou un *repli*.

Un soutien est une fraction de troupe destinée à se porter au secours de la grand'garde, quand elle est attaquée.

Un repli est une fraction de troupe qui reste à son poste et recueille la grand'garde, contrainte à la retraite par une attaque ennemie.

On nomme *avant-postes* l'ensemble des grand'-gardes, des vedettes et des piquets (soutiens et replis). La ligne entière qu'ils occupent se nomme *ligne d'avant-postes*, ou, comme tous les points de la ligne doivent être en communication, *chaîne d'avant-postes.* — On nomme de même *ligne de vedettes* la ligne occupée par les vedettes.

Les avant-postes se protégent non seulement par des vedettes, mais encore par des *patrouilles.* (Voir chapitre XI.)

Une patrouille est une fraction de troupe plus ou moins forte, chargée de prendre des renseignements sur l'ennemi ou sur la configuration du sol, ou bien d'entretenir des communications avec des troupes amies.

On nomme *place d'alarme* l'endroit où se réunissent les troupes en cas d'alarme.

4. On nomme TERRAIN la configuration du sol. On dit que le *terrain* est *découvert* lorsqu'il est plat et nu. On dit que le *terrain* est *coupé* lorsqu'il est couvert d'arbres ou de buissons, entrecoupé de haies, traversé par des fossés, par un cours d'eau, par des étangs, des lacs, etc., ou lorsqu'il est montueux ou marécageux.

Un défilé est un chemin étroit ou un passage à travers un terrain impraticable, par exemple : un pont, un chemin creux, une digue, un chemin qui traverse un bois fourré, un village ou une ville, etc. Un défilé est donc un endroit où l'on ne peut ni marcher de front, ni se déployer.

5. *S'orienter* veut dire trouver sa route dans un pays. Ce qu'il faut avant tout, c'est de connaître exactement les *quatre points cardinaux, le nord (à*

minuit), *le sud* (à midi), *l'est* (le matin), *l'ouest* (le soir). Il est facile, lorsque l'on connaît un des points cardinaux, de trouver les autres. En regardant le nord, on a le sud derrière soi, l'est à sa droite, l'ouest à sa gauche. Les points intermédiaires se nomment : *nord-est*, entre le nord et l'est ; *sud-est*, entre le sud et l'est ; *sud-ouest*, entre le sud et l'ouest ; *nord-ouest*, entre le nord et l'ouest.

On reconnaît les points cardinaux aux indices suivants :

Pendant le jour, le soleil est à l'est à six heures du matin, au sud-est à neuf heures, au sud à midi, et au sud-ouest à trois heures de l'après-midi.

Au nord-ouest (côté le plus exposé au vent et à la pluie), l'écorce des arbres est plus rude et plus épaisse que sur les autres côtés; les arbres, les vieux poteaux, les rochers et les murailles sont rudes, rugueux, couverts de mousse, et les levées de terre sont le plus souvent couvertes d'une forte végétation; sur les souches d'arbres abattus, les cercles annuels sont plus resserrés; la terre est plus humide au pied des bornes des champs. — Les arbres, les vieux poteaux, les croix funéraires penchent vers le sud-est.

Les églises sont construites : l'autel à l'est (le soleil levant), le clocher à l'ouest.

On peut aussi s'orienter d'après la *direction des cours d'eau*. Quand on tourne le dos à la source, on a la rive droite à sa droite, la rive gauche à sa gauche, l'embouchure devant soi. Le cours d'eau suit toujours la direction de la vallée.

Pendant la nuit, lorsque le ciel est étoilé, on peut encore moins se tromper. Il y a une constellation facile à reconnaître; elle se nomme le *Charriot céleste* ou la *Grande Ourse*, et présente à peu près la figure ci-dessous :

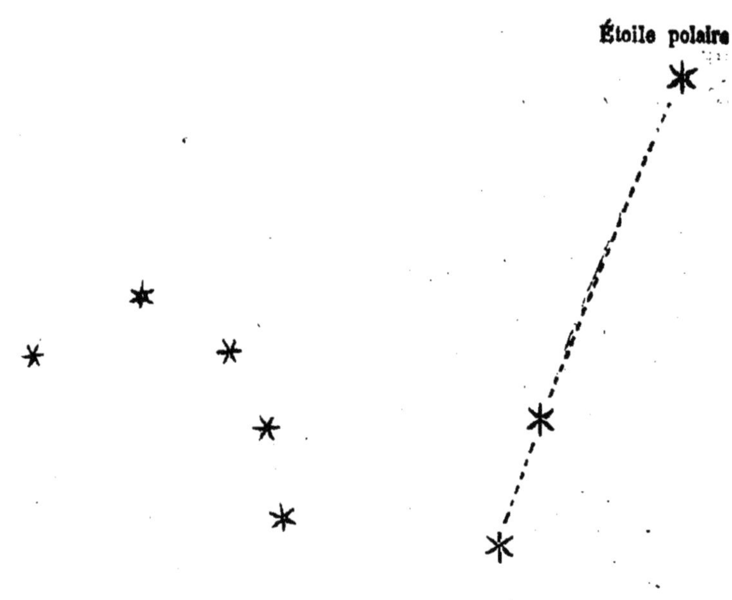

En imaginant une ligne passant par les deux étoiles placées le plus à droite et la prolongeant vers le haut, on rencontre une étoile très-brillante, l'*Étoile polaire*, qui, étant toujours au nord, offre la meilleure base pour s'orienter.

La lune se trouve :

	Pleine lune.	Premier quartier.	Dernier quartier.
A l'est :	à 6 h. du soir.	»	à minuit.
Au sud :	à minuit.	à 6 h. du soir.	à 6 h. du matin.
A l'ouest :	à 6 h. du matin.	à minuit.	»

RECONNAÎTRE veut dire prendre connaissance de la configuration d'un pays ou de la position et de la conduite de l'ennemi. On dit donc : *reconnaître le terrain, — reconnaître l'ennemi.*

6. AUTRES NOTIONS ET DÉFINITIONS. — *Une surprise* (voir chapitre XVII) est une attaque subite et inattendue. Une troupe surprise est dans une situation défavorable. Elle ne peut pas être surprise si grand'gardes et vedettes sont bien placées et font leur devoir.

Une embuscade (voir chapitre XVIII) est une position cachée que l'on occupe pour surprendre l'ennemi. Cette position doit être choisie à proximité d'un endroit où l'ennemi doit passer.

Un convoi est une réunion de voitures chargées de munitions de guerre, de vivres, de blessés ou de prisonniers, ou bien un certain nombre de chevaux ou de bestiaux que l'on doit conduire d'un point à un autre. Un convoi a toujours *une escorte* (voir chapitre XIX), c'est-à-dire une troupe chargée de l'escorter, de le garder et de le défendre. On fournit aussi une escorte à des courriers, à des

officiers chargés de missions particulières, etc. —
En temps de paix, on donne aussi des escortes
comme marque d'honneur, et alors elles sont toujours fournies par la cavalerie.

Un fanal est un poteau entouré de matières in-
flammables et que l'on fait brûler, pour donner
un signal convenu d'avance. Le fanal est toujours
placé sur le point le plus élevé, de manière qu'il
soit aperçu de loin, le jour par sa fumée, et la
nuit par sa flamme. C'est le meilleur moyen de
communiquer rapidement de loin, en cas d'inci-
dents extraordinaires. Toute troupe chargée de
faire des signaux par un fanal doit placer des *sentinelles de fanal*, c'est-à-dire des sentinelles ayant
mission d'observer si un fanal est allumé sur un
point désigné, et dans ce cas, d'en allumer un
également, ou bien seulement de prévenir.

Un parlementaire est un envoyé de l'ennemi,
habituellement un officier, chargé d'une mission
écrite ou verbale pour le général commandant ou
pour un commandant de troupes. On reconnaît un
parlementaire au trompette ou clairon qui l'accompagne et qui sonne, ou bien aux signaux de paix
qu'il fait en agitant un mouchoir, etc.

Un espion est un émissaire de l'ennemi qui cherche à connaître, pour les lui porter, les forces et
les mouvements de nos troupes. L'espion, se pré-
sentant dans le costume des gens du pays, est difficile à reconnaître et partant dangereux. Habituel-

lement ils sont punis de mort par ordre supérieur.

7. QUELQUES LOIS ET USAGES DE LA GUERRE. — Les *non combattants,* et particulièrement les *médecins,* qui se trouvent dans l'armée ennemie, doivent être *à l'abri de tout mauvais traitement.* Ils ne sont traités comme combattants que s'ils manquent à leur mission en prenant part au combat. Dans toutes les armées européennes, le personnel médical et les aumôniers portent au bras gauche un brassard blanc à croix rouge ou violette.

Les habitants du pays ennemi ne sont traités avec rigueur que lorsqu'ils prennent part directement ou indirectement à la lutte, ou se soustraient à ce que l'on exige d'eux.

Les femmes, les enfants et les vieillards ont droit à la protection de tout brave soldat.

La propriété privée des sujets du pays ennemi est épargnée, s'ils se comportent bien, à moins que le général commandant n'ait donné des ordres contraires.

Est considérée comme *butin* la propriété enlevée à l'ennemi en armes, ainsi que celle des cantiniers et fournisseurs.

Les munitions de guerre, de bouche, etc., et *surtout les caisses* doivent être remises à l'autorité supérieure, qui en fixe l'emploi.

Les chevaux pris à l'ennemi appartiennent à l'État et sont livrés au dépôt de chevaux. L'État paie celui qui a pris un cheval à l'ennemi 18 thalers **si** l'animal est propre au service, et 9 thalers s'il n'est plus propre au service. *Pour chaque canon* pris à main armée dans un combat, le régiment de ceux qui l'ont enlevé reçoit 60 ducats. *Pour chaque drapeau* pris dans les mêmes conditions, la prime est de 40 ducats pour le régiment.

Ne peut être considéré comme butin un objet pris à l'ennemi et appartenant à nos compatriotes ou aux sujets d'une puissance alliée ou neutre. Dans certaines circonstances, les troupes qui ont repris l'objet à l'ennemi reçoivent du possesseur légitime une récompense fixée judiciairement. Si le possesseur ne peut être trouvé, le droit de propriété revient aux troupes.

Pour tout *butin illicite,* l'article 24 du code militaire punit de la prison ou de la forteresse jusqu'à deux ans ; en cas de circonstances aggravantes, la détention dans une forteresse peut être de plus longue durée, avec renvoi à la deuxième classe de soldat ; la peine de mort peut même être prononcée. *Le pillage* et les *exactions* sont punis par l'article 25 du code militaire, du renvoi à la deuxième classe de soldat ; et de la détention dans une forteresse pour deux ans au moins. En cas de circonstances particulièrement aggravantes, la peine de mort peut être prononcée.

CHAPITRE V

DES MARCHES ET DES PATROUILLES

Des différentes espèces de marches.

(Pour le détail intérieur de la marche, voir 1re partie, chapitre IV, n° 16.)

1. DIVISION. — On divise les marches en *marches de paix* ou *routes*, et en *marches de guerre*.

2. Dans les ROUTES, la cavalerie fait habituellement par jour 3 milles (22 kilomètres 1/2), avec *repos* le quatrième jour. Si les circonstances l'exigent, la cavalerie peut faire, sur de bonnes routes et dans la belle saison, une marche forcée de peu de jours, à raison de 6 milles et plus par jour.

Quand le chemin et le temps sont bons, la cavalerie franchit habituellement le mille en une heure et demie. Sur un terrain accidenté, il faut compter un tiers de temps en plus.

3. DANS LES TRANSPORTS EN CHEMINS DE FER, lorsque les exercices préparatoires ont eu lieu et que quatre ou cinq wagons-écuries peuvent être chargés en même temps, il faut trois quarts d'heure au plus pour embarquer un escadron, et une demi-heure pour le débarquer. — Pour le

transport, il faut deux locomotives et environ trente-deux wagons.

Lorsque l'on fait *desseller,* — *ce qui n'a lieu habituellement que pour un trajet de plus de huit heures,* — on laisse un homme par deux ou quatre chevaux ; les autres hommes montent dans les wagons de voyageurs. Le plancher des wagons-écuries ne doit pas avoir moins de 0^m 055 d'épaisseur ; au besoin, ce plancher est renforcé par des madriers, et pour les wagons couverts par de la paille ou du fumier. Chaque wagon reçoit de six à huit chevaux, placés perpendiculairement à la voie et assez serrés les uns contre les autres pour qu'ils ne puissent faire trop de mouvements. Pour un long trajet, on y suspend des sièges pour les hommes. Les selles avec le paquetage, excepté la carabine que les hommes mettent au crochet, sont chargées dans des wagons à marchandises munis de bottillons de paille du poids de 833 à 1,000 grammes. On place cinquante à soixante selles par wagon. — Tout convoi transportant de la cavalerie doit être pourvu de *une ou deux rampes mobiles.* L'embarquement se fait wagon par wagon, en commençant par la tête du convoi, ou, lorsqu'il y a un quai approprié *ad hoc,* par plusieurs wagons à la fois, au moyen de ponts volants.

Le *supplément de rafraîchissement* est fixé par homme à raison de :

2 silbergroschen 1/2 (0 f. 30) pour un voyage de 8 à 15 heures.
5 silbergroschen   (0   60)   —   15 à 31 heures.
7 silbergroschen 1/2 (0   90)   —   32 à 39 heures.
10 silbergroschen (1   20)   —   39 à 47 heures.

Et, pour tout trajet plus long, une augmentation de 2 silbergroschen 1/2 (0 f. 30) par 8 heures.

Les hommes reçoivent le pain avant le départ et se procurent eux-mêmes les autres aliments.

Par cheval, il est alloué à *titre extraordinaire* 1 kilogr. 500 grammes de foin par voyage, et 3 kilogrammes de foin par voyage dépassant huit heures, et 3 kilogrammes de paille pour garnir la rampe mobile. Lorsque le trajet est long, on fait manger l'avoine dans la musette. Il n'est pas délivré de ration de paille, et par les froids seulement, sur réquisition du général commandant, le plancher des wagons est recouvert de paille. Il est alors défendu de fumer.

Un détachement de 100 chevaux doit arriver à la gare deux heures avant le départ, s'il n'y a qu'une rampe mobile pour l'embarquement.

L'*étendard* est mis dans le wagon du commandant, ou bien dans le wagon suivant où se trouve la garde. (Elle est composée, pour cent hommes, d'un sous-officier, un trompette et six hommes.)

Dans chaque wagon, un sous-officier ou gefreite est chargé de la surveillance. *Les officiers* ne montent dans leurs wagons qu'au moment même du départ.

A la gare, la troupe se forme sur un rang (le cavalier du second rang à la gauche de son chef de file). Par chaque wagon destiné à recevoir les selles, on désigne un sous-officier et quatre à huit hommes pour le chargement. Un officier écrit sur les wagons à chevaux et sur les wagons à selles le numéro de l'escadron et du peloton. Il est formé des groupes de chevaux selon la contenance de chaque wagon. Chaque groupe se porte successivement devant la rampe mobile (ou sur le quai d'embarquement), et s'y forme en bataille sur un rang. Les hommes mettent pied à terre, et mettent le sabre au crochet. (Les lances sont placées par paquet dans les wagons à selles.) Les pelotons qui se trouvent devant les wagons à selles dessellent et portent les selles dans les wagons, où les sous-officiers désignés les font empiler en ordre sur les bottillons, et sur cinq ou six rangs (le portemanteau vers le grand côté), de manière que les selles de chaque peloton soient réunies et marquées.

Le chargement des selles terminé, les hommes désignés pour ce service se rendent aux wagons à voyageurs; les groupes qui ont remis leurs selles conduisent leurs chevaux au wagon qu'ils doivent occuper. Les wagons à chevaux sont préalablement pourvus de foin, qui doit être enlevé au moment du départ, dans les wagons découverts.

Lorsque les wagons doivent être chargés par le

grand côté, les chevaux sont placés parallèlement au petit côté, le premier cheval à droite, le deuxième à gauche, et ainsi de suite, le dernier cheval entrant droit devant lui pour occuper sa place. Dans les wagons ouverts, les têtes des chevaux sont tournées vers la deuxième voie. Ils sont solidement attachés avec le licol, et ne sont débridés que lorsque le train est en mouvement et qu'ils sont calmés.

Les hommes qui ne restent pas avec les chevaux ont été formés d'avance par groupes correspondant à la contenance des wagons, et conduits à leurs places. Les carabines ne peuvent être posées sur les banquettes ou dans les coins qu'aux stations où l'on s'arrête. En dehors leur approvisionnement de réserve, les hommes emportent du pain pour tout le voyage, et se procurent comme ils peuvent les autres aliments.

Pendant la marche, il est défendu de passer la tête ou les bras en dehors des wagons, de crier et de descendre aux stations avant le signal. On ne peut fumer que dans les wagons à voyageurs où il n'y a pas de paille. Pendant la marche, les cavaliers placés auprès des chevaux leur font manger le foin à la main, dans les wagons couverts. Les troupes emportent l'avoine nécessaire pour la durée du voyage, mais point de paille. Lorsque la locomotive siffle, les hommes saisissent les chevaux à la bride ou au licol. On convient d'un signal pour avertir le conducteur de faire arrêter le train, si cela était nécessaire.

Pendant l'arrêt aux stations, les officiers se rendent auprès des wagons à chevaux de leurs pelotons. La garde descend la première et place des sentinelles, principalement du côté opposé au quai, pour empêcher les hommes de descendre sur la voie.

A la *sonnerie de la marche*, les cavaliers descendent en ordre sur le quai. On laisse au moins un homme comme garde d'écurie, pour deux wagons à chevaux.

A la *sonnerie de l'appel*, on *remonte* en ordre dans les wagons.

Si le voyage dure plus de douze heures, on fait boire en route les chevaux modérément (un seau pour deux chevaux), et pour cela on fait un arrêt d'une heure. On peut aussi, en même temps, relever les gardes d'écurie.

A la dernière station, l'ordre est donné de brider, de lier le fourrage et de rectifier la tenue.

A l'arrivée, les officiers descendent les premiers et se rendent avec leurs hommes aux wagons à chevaux de leurs pelotons. Les selles sont déchargées par les sous-officiers et les hommes désignés à cet effet, et rangées à terre, par pelotons et par groupes, dans l'ordre où elles ont été chargées.

Dès que les wagons à chevaux, arrivés au lieu de débarquement, sont ouverts, les cavaliers se portent vers leurs chevaux, les font sortir dans l'ordre inverse à celui où ils étaient entrés, les conduisent auprès des wagons à selles et les forment sur un rang. Le sous-officier qui a la surveillance des selles appelle les groupes, peloton par peloton, pour recevoir leurs selles. Un homme reste pour quatre chevaux; les autres vont chercher les selles.

Après que l'on a sellé (et que les uhlans ont reçu leurs lances), on monte à cheval, et les groupes se rendent sur la place du rassemblement.

4. MARCHE DE GUERRE EN GÉNÉRAL. — (Voir les chapitres suivants pour les cas particuliers.) C'est surtout dans le voisinage de partis ennemis qu'il faut observer les règles données pour *l'ordre intérieur d'une·marche* à la 1re partie, chapitre IV, n° 16.

Le commandant du détachement doit connaître exactement : 1° *le but de la marche;* 2° *la conduite à tenir s'il rencontre l'ennemi ;* 3° *les relations à entretenir avec d'autres troupes.*

Comme on doit s'attendre à tout moment à rencontrer l'ennemi, il faut marcher, autant que possible, par peloton ou par demi-peloton, afin de pouvoir se former le plus rapidement possible. Les défilés, y compris les lieux habités, doivent être tournés, si faire se peut. Si l'on doit les franchir, on les fait fouiller selon les règles, puis on les traverse aussi rapidement que possible, mais dans le plus grand ordre.

CHAPITRE VI

Des dispositions à prendre pour la sûreté dans les marches.

1. Quand et comment des mesures de sûreté doivent être prises. — Une troupe en marche ne pouvant être constamment prête à combattre, on en détache une partie qui l'entoure de toutes parts, comme *un cercle protecteur*, et la garantit des attaques de l'ennemi, jusqu'à ce qu'elle ait *pris ses dispositions de combat.*

Ces forces protectrices, avant-garde, arrière-garde et patrouilles de flanc, doivent toujours être employées, même quand une *attaque de l'ennemi* paraît à *peine possible*, et dès qu'on se trouve en *pays ennemi.*

Les plus *faibles détachements* se couvrent d'après ces règles. L'effectif des forces protectrices dépend du terrain, de la proximité de l'ennemi, du nombre des troupes en marche et d'autres circonstances, et aussi de la distance à laquelle elles doivent se tenir du gros.

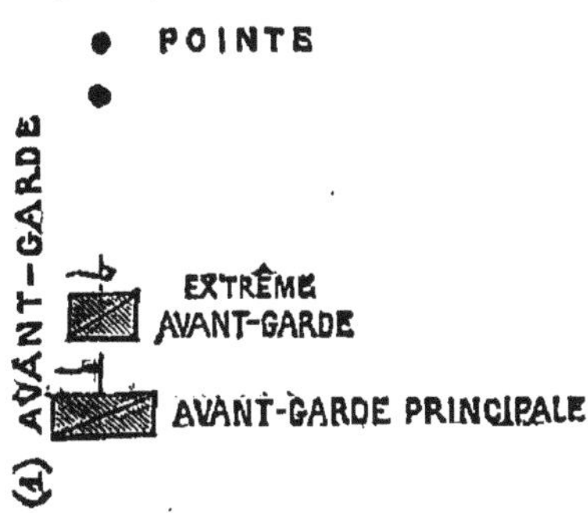

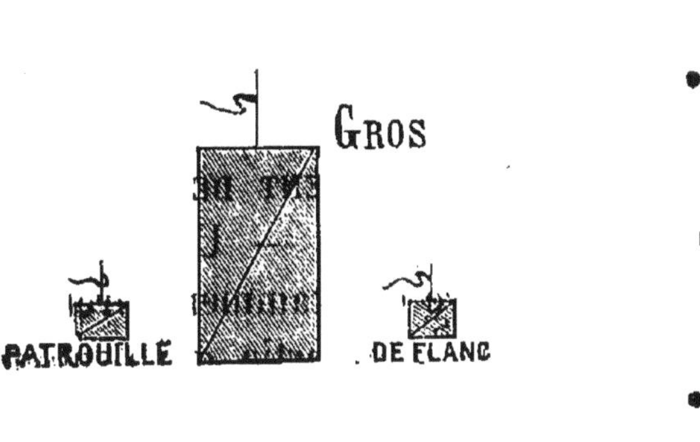

(1) Dans les fortes avant-gardes (ou arrière-garde), il peut être nécessaire de former une tête d'avant-garde (ou d'arrière-garde) qui détache l'extrême avant-garde (ou arrière-garde).

La cavalerie est particulièrement employée à ce service de sûreté en terrain découvert, parce qu'elle peut être envoyée loin de la colonne de marche, et lui transmettre promptement ses informations, à cause de la rapidité de ses mouvements.

En terrain coupé, la cavalerie se prête moins à ce service. Mais que l'on se garde de partager cette grossière erreur, que la cavalerie ne peut dans aucun cas être employée sur un tel terrain. La cavalerie doit être employée au moins comme flanqueurs, quand cela est possible, et dans tous les cas quelques cavaliers sont attachés à l'infanterie qui fait le service de flanqueurs, pour transmettre les rapports.

2. Communication des troupes protectrices entre elles et avec le gros. — Les pointes et les flanqueurs doivent être *en communication constante* avec l'avant-garde, l'arrière-garde et les patrouilles de flanc, et celles-ci avec le gros, de sorte que le *cercle protecteur* ne présente aucune interruption. Cette communication doit si bien être entretenue que, de la pointe de l'avant-garde à celle de l'arrière-garde, chaque cavalier sache toujours où est celui qui le précède et ce qu'il fait. Toute troupe doit donc laisser derrière elle un cavalier aux endroits où la communication pourrait être interrompue, par exemple : tournant de route, bois, terrain montueux, chemin creux,

carrefour, temps de brouillard, de neige, et surtout la nuit; en un mot, toutes les fois que la vue est limitée. Dès que le cavalier laissé en arrière est aperçu par celui qui précède la fraction suivante, il rejoint ses camarades au trot.

3. LORSQUE LE GROS FAIT HALTE, les détachements protecteurs font aussi halte et continuent de former le cercle de sûreté.

En ce cas, l'*avant-garde* et l'*arrière-garde* font le service de *grand'gardes*, et les *pointes* celui de *vedettes*. Il est très-important d'habituer les hommes à prendre immédiatement, et sans attendre d'ordres, leur nouveau service.

L'*arrière-garde* et sa *pointe* font *demi-tour;* les *patrouilles de flanc* et les *flanqueurs font face en dehors*, et occupent des points d'où ils puissent voir le plus loin possible, afin de signaler à temps la présence de l'ennemi.

L'*avant-garde* et les *patrouilles de flanc* se portent sur les hauteurs situées en avant et sur les côtés, et l'*arrière-garde* sur celles qu'elle vient de franchir.

Pendant une halte, il faut aussi *entretenir la communication* entre tous les détachements. Lorsque l'on se remet en marche, on reprend l'ordre primitif.

4. CONDUITE EN GÉNÉRAL DES HOMMES DÉTACHÉS ET RAPPORTS A RENDRE. — Les hommes détachés (pointes, flanqueurs, patrouilles) sont pour ainsi

dire les yeux du gros en marche, et doivent autant que possible *observer, sans se laisser voir,* tout ce qui a trait à l'ennemi ou a quelque importance militaire. Il est indispensable de *fouiller à fond* tout accident de terrain où l'ennemi pourrait être caché.

Lorsqu'un homme détaché remarque quelque chose qui a ou peut avoir rapport à l'ennemi, par exemple : nuages de poussière, troupes en marche, feu, fumée, etc., traces de passages de troupes, coups de fusil ou tout autre bruit extraordinaire, il en rend compte après avoir bien observé. Pendant qu'il va rendre compte, son camarade continue à observer.

Il est très-important de ne *pas trop se hâter,* et d'être bien fixé avant d'aller rendre compte. Si le cavalier aperçoit, par exemple, des nuages de poussière, il observera, avant de partir, à quelle arme appartient la troupe qui les soulève, son ordre de marche, sa force, sa direction, l'endroit où se trouve la colonne en ce moment, et si elle est couverte. Signaler simplement l'ennemi, c'est donner au chef un renseignement peu utile. Ce qui est utile, c'est d'indiquer l'espèce d'ennemi, sa force, sa position.

Les rapports sur les accidents de terrain, tels que : chemins, digues, ponts, gués, cours d'eau, marécages, forêts, hauteurs, lieux habités, etc., doivent être détaillés et faits au point de vue militaire.

Le soldat qui rend compte de quelque chose doit se garder d'abréger ; il ne faut pas non plus que la peur lui fasse grossir la réalité. Son rapport sera conforme à la vérité et exempt de toute exagération.

Tout cavalier qui se présente *haut le fusil* ou *le pistolet* rend compte dans cette position, mais après avoir mis le *chien au cran de sûreté*. Les uhlans, qui ont une grande distance à parcourir, replacent le pistolet et portent la lance. Les autres cavaliers, ceux par exemple que les détachements envoient, rendent compte au port du sabre (ou de la lance).

Le compte-rendu est fait en ces termes : *par la pointe de l'avant-garde (par la patrouille de flanc droit*, etc.), *il est rendu compte que*, etc. — Les rapports écrits sont remis avec ces mots : *Rapport de l'arrière-garde* (de la patrouille du sous-officier N.), etc.

Indices utiles à connaître par le soldat en campagne, lorsqu'il sera en observation :

A la manière dont la poussière est soulevée, on peut reconnaître, même de loin, avec quelque certitude l'arme qui la produit. — L'infanterie (on voit aussi le brillant des armes) soulève des nuages de poussière épais et peu élevés. — Ils sont plus élevés lorsque c'est de la cavalerie, et moins épais vers les couches supérieures quand elle marche aux allures rapides. — L'artillerie et le train soulèvent des nuages de poussière séparés et inégaux. Par l'étendue qu'occupent ces nuages de poussière et par le nombre, on reconnaît la force de la colonne et son ordre de marche ; toutefois, il faut tenir compte de l'action du vent.

Lorsqu'on observe la *nuit* des *feux de bivouac*, si l'on voit les flammes disparaître et reparaître, c'est que quelque chose ou quelqu'un passe entre l'observateur et le feu. Si l'on aperçoit la fumée, c'est que le feu est très-près. Si l'on remarque un grand nombre de feux, il est probable que c'est une ruse de l'ennemi qui veut décamper. Si ces feux continuent à briller, il est présumable que l'ennemi est déjà parti. Si l'on *aperçoit beaucoup de fumée* à une heure inaccoutumée au-dessus d'un camp, c'est un indice que l'ennemi va *bientôt décamper* et qu'il fait la soupe. Si beaucoup de cheminées fument en même temps dans une localité, c'est que l'on y attend des troupes. — Lorsque, en approchant d'un village, on entend des aboiements continuels de chiens ou des hennissements de chevaux, il est présumable qu'il contient des troupes.

Le chef de l'avant-garde ou de l'arrière-garde, qui reçoit une importante communication, se porte rapidement au point où il puisse découvrir lui-même ce qui est signalé, s'assure de l'exactitude du rapport et le transmet par écrit. En cas d'urgence, il le fait sur le champ et provisoirement parvenir verbalement. Pour transmettre les rapports, on envoie toujours les *hommes qui ont vu et entendu eux-mêmes*, et qui peuvent, par conséquent, donner aux supérieurs des explications plus détaillées. Le cavalier ainsi envoyé est remplacé aussitôt à la pointe par un homme de l'extrême avant-garde (ou arrière-garde), et ce dernier par un homme de l'avant-garde (ou de l'arrière-garde), où prend place, à son retour, le cavalier de la pointe qui a transmis le rapport.

Si ce cavalier rencontre des supérieurs en chemin, il leur communique rapidement l'objet de son rapport, mais continue tout droit sa route vers le but qui lui a été assigné.

Lorsque les pointes ou les flanqueurs rencontrent des troupes amies, ils se présentent au chef, lui demandent son nom et son grade, ainsi que la force et la destination de la troupe, et en rendent compte à leur avant-garde (ou arrière-garde, ou patrouille de flanc).

Toute troupe détachée à l'avant-garde, à l'arrière-garde et aux *patrouilles de flanc* a le sabre à la main (la lance portée), l'arme à feu chargée, et suspendue suivant les circonstances. Les *pointes* et les *flanqueurs* portent l'arme à feu dans la position *haut le fusil* (ou le pistolet), le chien au cran de sûreté. Dès qu'ils commencent à fouiller un terrain ou que le voisinage de l'ennemi l'exige, ils arment la carabine (ou le pistolet).

CHAPITRE VII

De l'avant-garde.

1. BUT ET DIVISION DE L'AVANT-GARDE. — L'a-vant-garde est détachée en avant du gros *pour découvrir l'ennemi et en rendre compte; pour repousser de petits détachements ennemis, afin que le gros ne soit ni troublé, ni retardé dans sa marche; pour contenir des forces ennemies, au moins jusqu'à ce que le gros ait pu prendre ses dispositions de combat.* Enfin, l'avant-garde est aussi chargée d'*explorer le terrain* et *d'écarter les obstacles qui se trouveraient sur la route.*

Pour se couvrir elle-même, elle se fait précéder d'une extrême avant-garde. Celle-ci détache en avant une pointe de quatre hommes, et sur chaque côté deux flanqueurs au moins. Le reste, qui forme environ la moitié de toute l'avant-garde, se tient réuni et constitue l'*avant-garde principale.* L'avant-garde se divise donc en *pointe, extrême avant-garde* et *avant-garde principale.* (Voir chapitre VI, la remarque sur la tête d'avant-garde.)

Dans les petits détachements, on supprime l'a-vant-garde. Mais si faible que soit une troupe, elle ne marche jamais sans pointe.

2. La pointe *doit voir sans être vue, entendre sans être entendue*, et faire rapidement connaître au chef de la colonne ce qu'elle a découvert.

Elle marche ainsi : deux hommes en avant, un troisième en arrière, et un sous-officier suit à quelque distance comme chef de pointe et comme communication avec l'extrême avant-garde.

Les trois cavaliers qui marchent en tête portent leur arme à feu dans la position *haut le fusil* (ou le pistolet), le chien au cran de sûreté ; ils apprêtent leurs armes dès que cela est nécessaire. Le chef a le sabre à la main, le pistolet suspendu.

La pointe doit connaître exactement la marche à suivre, et, pour ne pas se tromper, prendre par écrit les noms des localités que l'on doit traverser. Si la pointe a des doutes sur un chemin à prendre, elle fait aussitôt prévenir l'extrême avant-garde. Elle agit de même lorsqu'elle rencontre un obstacle qui pourrait arrêter la marche. *Le chef de l'extrême avant-garde* se tient habituellement auprès de cette troupe ; cependant, il peut se transporter à la pointe et sur les points voisins qui lui permettent d'exercer une grande surveillance. Il est responsable de la direction que suit la pointe, et doit surveiller sa marche. Il a soin de faire soutenir la pointe à temps par des patrouilles, ce qui, en règle, a lieu dès que la pointe pénètre dans un terrain coupé, et il fait éclairer le terrain par l'extrême avant-garde de chaque côté de la route.

C'est un axiome que toute mesure prise par le chef de l'extrême avant-garde doit être commandée et exécutée assez rapidement pour que la marche de toute la colonne ne puisse être troublée qu'en cas de force majeure.

3. RECONNAISSANCE DES ACCIDENTS DE TERRAIN. — La pointe doit s'avancer avec les plus grandes précautions, et fouiller avec soin tout accident de terrain situé à proximité et derrière lequel des ennemis pourraient être cachés, notamment : les buissons, les ravins, les lieux habités, etc. En arrivant à un tournant de route, elle explore les environs et ne s'avance que si elle ne remarque rien de suspect.

Si la pointe rencontre un accident de terrain trop étendu pour qu'elle le puisse reconnaître, un des cavaliers va rendre compte ; les autres se mettent à couvert et attendent que l'extrême avant-garde fasse la reconnaissance.

La pointe ne s'engage *dans un défilé* qu'avec précaution et homme par homme. Les flanqueurs fouillent au trot les chemins latéraux. Si l'ennemi n'est pas signalé, la pointe en fait rendre compte, s'avance à quelque distance au-delà du défilé, et reste en observation jusqu'à ce que l'extrême avant-garde et l'avant-garde l'aient passé au trot.

Pendant que la pointe fouille le défilé, l'extrême avant-garde s'arrête en deçà et reste en observation.

Dans tous les défilés, surtout dans ceux où la vue ne peut s'étendre, la pointe et les flanqueurs doivent se porter en avant, au trot, afin de ne pas arrêter trop longtemps les troupes qui suivent.

Si le défilé est formé par *un chemin creux,* un cavalier de la pointe suit ce chemin creux, et un deuxième marche sur la hauteur. Si l'on ne peut arriver à cheval sur la hauteur, et si le chemin creux est long, un homme la gravit à pied, regarde dans toutes les directions et remonte ensuite à cheval.

Pour explorer un bois, la pointe se divise et suit la lisière. Si elle ne remarque rien de l'ennemi, elle entre dans le bois. Si la troupe en reconnaissance peut marcher en dehors des chemins, elle se déploie sur une ligne avec intervalles et fouille le bois dans le sens de sa largeur. S'il est trop fourré, les cavaliers parcourent tous les chemins et sentiers au trot, ayant soin d'observer fréquemment autour d'eux, pour voir si l'ennemi ne sort pas du bois; ils doivent aussi prêter souvent l'oreille, pour s'assurer qu'ils n'entendent pas le bruit de troupes en marche. — Les hommes ont aussi à voir (surtout à la lisière) s'il n'y a point de traces de pas; on les efface souvent en traînant par dessus des branches d'arbres, mais la ruse est facile à reconnaître.

Lorsque le bois n'est pas trop étendu, un flanqueur au moins de chaque côté en fait le tour au trot.

Arrivée à l'extrémité du bois, la pointe s'arrête, et cachée derrière des taillis, etc., observe avant de sortir si rien ne paraît de l'ennemi sur le terrain situé en avant.

Dans de grandes forêts, on fouille à quelques centaines de pas, à droite et à gauche de la route.

Lorsqu'une *montagne* ou une *hauteur* se présente en avant sur la route elle-même ou à quelque distance sur ses côtés, un des hommes de la pointe la gravit au trot; mais il doit s'arrêter dès qu'il peut découvrir l'autre versant, et avant d'avoir atteint le point culminant, pour ne pas se laisser voir. Par mesure de précaution, il peut aussi ôter sa coiffure. Le uhlan baisse la lance.

S'il aperçoit quelque chose de suspect ou des troupes ennemies, il fait signe (1) à son camarade de venir le rejoindre, lui montre ce qu'il a vu, se consulte avec lui, puis va rapidement rendre

---

(1) On ne saurait trop recommander aux hommes de s'exercer à se comprendre par signes dans le service en campagne. On gagne ainsi du temps, et on ménage les forces des chevaux. Cela est surtout utile quand on est auprès de l'ennemi, parce que tout bruit de voix ou de chevaux peut être entendu. Les Cosaques, qui excellent dans le service en campagne, ont étendu très-loin ce moyen de correspondre **par signes, car ils ne se déplacent presque jamais pour aller**

compte, *sans se montrer à l'ennemi*. Pendant ce temps, son camarade reste en observation.

La pointe s'approche avec précaution *d'un lieu habité* et tâche de s'emparer d'un des habitants. Si elle ne peut y réussir, un des cavaliers s'avance jusqu'à la première maison et demande si l'ennemi est dans la localité, et si l'on sait quelque chose sur lui, etc. La pointe garde l'habitant et explore, avec l'aide de cavaliers envoyés 'par l'extrême avant-garde, les rues principales et transversales, et les grandes cours. On fait venir le maire de la localité ; on l'interroge, et on le garde jusqu'à ce qu'il n'y ait plus de danger.

Des cavaliers isolés font le tour du village. Les issues sont occupées ; la pointe se porte en observation sur la route que l'on doit suivre, attend les cavaliers qui contournent le village et s'avance alors jusqu'à un point qui lui permette de découvrir le pays.

En fouillant un village, il faut agir avec la prudence nécessaire, mais éviter tout arrêt inutile.

Dans de grandes localités que l'on ne peut

rendre compte, et transmettent par signes même de longs rapports; ils établissent au besoin des sentinelles intermédiaires qui peuvent correspondre entre elles.

Dans les troupes légères de plusieurs armées, les sous-officiers sont munis de sifflets. Cette mesure est utile pour le service en campagne; elle permet de gagner du temps et de ménager les forces des chevaux.

fouiller complètement, il est prudent de garder provisoirement quelques notables.

Si l'ennemi est dans la localité, la pointe se retire, autant que possible sans se montrer, et va rapidement rendre compte. Elle conduit à l'avant-garde principale, avec le moins de bruit possible, l'habitant qui a été interrogé.

Lorsque la *pointe arrive pendant la nuit dans un lieu habité*, un ou deux hommes mettent pied à terre, se glissent par les jardins, et non par la route principale qui pourrait être occupée, jusqu'à une fenêtre éclairée, et là regardent et écoutent si rien n'indique la présence de l'ennemi. Alors ils frappent à la portent et interrogent les habitants. S'il n'y a pas de lumière ou de maison à laquelle on puisse s'aventurer à frapper, ils restent aux aguets, jusqu'à ce qu'ils puissent s'emparer de quelqu'un.

Si l'ennemi occupe la localité, on agit comme il a été dit pendant le jour, mais avec plus de précautions encore.

Si l'ennemi n'est pas signalé, l'avant-garde se reforme, et la marche continue.

En arrivant devant un défilé, l'avant-garde principale s'arrête hors de portée de fusil, jusqu'à ce que la pointe rende compte que l'ennemi n'est pas là, et que l'on peut passer.

Quand la pointe trouve la route impraticable pour les trois armes, ou pour la cavalerie, ou pour l'artillerie, ou bien coupée par des barricades, des ponts détruits, etc., elle cherche à tourner l'obstacle et rend compte dans tous les cas. Le commandant de l'avant-garde donne des ordres suivant les circonstances, pour faire réparer ou déblayer la route.

La pointe interroge sur la position de l'ennemi les soldats isolés, déserteurs, voyageurs, etc., et les envoie ensuite à l'avant-garde principale.

4. LA POINTE QUI RENCONTRE L'ENNEMI *tâche de se soustraire à sa vue, rend compte en toute hâte, mais continue à l'observer*. Elle n'attaque jamais l'ennemi et *ne fait feu* que lorsque l'extrême avant-garde et l'avant-garde ne peuvent être prévenues à temps de l'approche du danger.

Pour ne pas trahir la présence du gros, on ne fait feu dans le voisinage de l'ennemi que lorsqu'on y est absolument forcé. Dans de telles circonstances, les jeunes soldats doivent agir dans l'intérêt général et ne pas céder à leur désir de combattre.

Lorsque l'ennemi a aperçu la pointe, le commandant de l'avant-garde, qui s'est rapidement porté en avant dès qu'il a été prévenu, décide, suivant les circonstances, s'il attaquera l'ennemi avec l'extrême avant-garde ou s'il attendra l'arrivée de l'avant-garde principale.

Si l'ennemi prend l'offensive, l'extrême avant-garde doit soutenir le combat, ou, en cas de supériorité de l'ennemi, se replier de manière que l'avant-garde principale ne soit pas surprise. L'extrême avant-garde et la pointe se déploient en tirailleurs et se retirent, en cas de besoin, vers une des ailes de l'avant-garde principale. Ils se retirent également dès que l'infanterie ou l'artillerie entrent en action.

Lorsque, par suite d'une reconnaissance mal faite, une troupe ennemie, qui n'a pas été aperçue, se présente tout à coup *sur les derrières de la pointe*, celle-ci fait feu aussitôt pour prévenir l'extrême avant-garde et l'avant-garde principale, et tous les flanqueurs qui sont à proximité se précipitent de toutes parts sur l'ennemi.

Lorsque *des coups de feu sont tirés du côté des patrouilles de flanc*, la pointe s'arrête, rend compte, attend des ordres, et s'il est nécessaire, appuie à hauteur de ces patrouilles. L'extrême avant-garde envoie, dans ce cas, du secours aux patrouilles de flanc.

5. L'EXTRÊME AVANT-GARDE (dans certaines circonstances la tête d'avant-garde aussi) est destinée à soutenir la pointe à la première attaque de l'ennemi, et à l'aider à explorer le terrain. Elle détache sur chaque flanc deux hommes au moins, pour fouiller le terrain avoisinant. L'un marche à hauteur du chef de la pointe, l'autre à hauteur de l'extrême avant-garde. Ils se tiennent en communication avec l'extrême avant-garde et avec les

troupes détachées au gros sur les flancs. On fait rentrer ces flanqueurs lorsqu'ils ne sont pas nécessaires.

L'extrême avant-garde suit la pointe en terrain découvert à une distance de 200 à 300 pas, et ne la perd jamais de vue. En terrain couvert, pendant la nuit ou le brouillard, cette *distance est diminuée*, et la communication est entretenue par des hommes spécialement désignés, entre la pointe, les flanqueurs, etc.

L'avant-garde doit se procurer un *guide*, à cheval autant que possible, et connaissant parfaitement le pays. Il marche avec l'extrême avant-garde et sous la surveillance particulière d'un homme.

Il faut être prudent dans le choix d'un guide. Des chasseurs, des braconniers, des pâtres, des conducteurs de bestiaux, des messagers, des postillons, des contrebandiers, des voituriers, etc., peuvent en général rendre de bons services. Il ne faut ni les changer trop souvent, ni se fier trop à leur connaissance du pays. Ils sont relâchés lorsqu'une trahison de leur part ne peut plus nuire. *En pays ennemi*, on prend autant que possible *deux guides*, qui ne communiquent pas ensemble. On s'assure des guides en les attachant. S'ils sont montés, on leur lie un pied à l'étrier. L'homme chargé de la surveillance d'un guide conduit le cheval par les rênes de bride passées par dessus

l'encolure et tient la carabine haute (ou le pistolet
haut). On menace le guide de mort s'il tente de
fuir ou donne une fausse indication; dans le cas
contraire, on le traite bien.

6. L'AVANT-GARDE PRINCIPALE, formant le noyau
de l'avant-garde, doit agir suivant les instructions
particulières que le commandant de l'avant-garde
a reçues pour certains cas.

Le chef doit être un homme calme et résolu, et
capable de sortir seul d'une situation difficile.

En terrain découvert, l'avant-garde principale
reste à 500 pas environ de l'extrême avant-garde;
elle est *le soutien de tous les détachements fournis
par l'avant-garde.*

Elle passe les défilés au trot, mais seulement
lorsqu'elle a été prévenue qu'ils ne sont pas occupés par l'ennemi. Elle détache des patrouilles
pour fouiller les accidents de terrain éloignés, mais
importants à observer.

L'avant-garde principale doit particulièrement
s'occuper de déblayer, au besoin, ou de réparer
la route, afin que le gros puisse avancer sans perte
de temps.

Elle se déploie pour combattre, dès qu'elle est
prévenue de *l'approche de l'ennemi.* Le commandant se porte rapidement à l'extrême avant-garde,
s'assure par lui-même de la situation, prend les
dispositions nécessaires et fait prévenir le gros,
autant que possible, par écrit. Toutes les fois

qu'un *chef quitte son détachement* pour aller observer lui-même, il remet le commandement au plus ancien après lui.

Dans le voisinage de l'ennemi, on évite de s'arrêter dans des lieux habités. L'avant-garde principale les contourne aussi, plutôt que de les traverser. On se fait apporter en avant de la localité tout ce qu'on y a réquisitionné ou acheté.

L'avant-garde principale est suivie à distance convenable par le gros. Dans les grandes colonnes et dans certains cas, une réserve marche entre les deux. C'est avec cette réserve ou avec le gros que l'avant-garde principale doit se tenir en communication.

Lorsque l'on n'a rien à craindre de l'ennemi en avant, on diminue l'avant-garde, et dans certains cas elle n'est composée que d'une pointe et d'une extrême avant-garde (1).

---

(1) Une avant-garde formée pour une retraite n'est pas destinée à combattre, mais elle a d'importantes missions de police et d'administration, et l'obligation de mettre les routes en bon état.

CHAPITRE VIII

De l'arrière-garde.

1. L'ARRIÈRE-GARDE A POUR PRINCIPALE MISSION *de protéger le* GROS *contre toute attaque de l'ennemi sur ses derrières, de se sacrifier au besoin pour lui et de soutenir un combat, même dans des conditions défavorables, jusqu'à ce qu'il soit hors de danger.* L'arrière-garde doit donc, *selon les circonstances, marcher, en totalité ou en partie, en ordre de combat.*

Dans une *marche en retraite,* l'arrière-garde se trouve dans les mêmes conditions que l'avant-garde dans une marche en avant, et se divise de même en *arrière-garde principale, extrême arrière-garde* et *pointe.*

En cas de nécessité, l'extrème arrière-garde envoie des détachements sur ses flancs. Si ces détachements sont faibles, les hommes qui les composent marchent les uns derrière les autres, à hauteur de l'extrême arrière-garde et du chef de la pointe, et se tiennent en communication avec les patrouilles de flanc du GROS.

Lorsque la colonne *marche à l'ennemi* et n'a rien à craindre sur ses derrières, l'arrière-garde ne se compose que d'une extrême arrière-garde et d'une pointe.

Les différentes fractions de l'arrière-garde se comportent comme celles de l'avant-garde ; mais, tandis que celle-ci marche à la rencontre de l'ennemi, celle-là se replie devant lui. L'arrière-garde a une mission d'autant plus difficile à remplir que, chaque fois qu'elle suspend sa marche pour faire tête à l'ennemi, elle augmente la distance qui la sépare du GROS, et partant ne peut pas compter sur son appui.

2. DANS UNE RETRAITE, le rôle de l'arrière-garde est des plus difficiles, surtout après une bataille perdue, alors que l'ennemi poursuit habituellement en forces et cherche à couper la ligne de retraite par des attaques de flanc. La pointe s'apercevra parfois de l'envoi de ces détachements sur les flancs, par la diminution des troupes qui la poursuivent.

L'arrière-garde *suit la même route que le* GROS et doit rester en communication constante avec lui (surtout pendant la nuit) ; elle doit aussi veiller, lorsqu'elle repousse une attaque de l'ennemi, à ne pas trop laisser augmenter la distance qui la sépare du GROS, parce qu'il lui serait difficile de le rejoindre. Il faut donc serrer les rangs et *observer une sévère discipline de marche.*

L'arrière-garde doit aussi s'efforcer de *ne pas obliger le* GROS *à venir prendre part au combat.*

L'arrière-garde a le devoir d'empêcher *toujours tout traînard (maraudeur)* ou *malade de rester en arrière*. On réquisitionne dans les localités des voitures et des chevaux pour ces derniers, quand besoin est. Si cela ne se peut, on confie ces malades aux soins d'une autorité locale, en lui laissant leurs noms et les numéros des corps dont ils font partie.

L'arrière-garde doit, dans une retraite, ne *jamais laisser aux mains de l'ennemi un matériel de guerre en état de servir*. Elle s'efforce de faire suivre le matériel que le GROS a pu laisser et réquisitionne, s'il le faut, dans les localités, pour se procurer les moyens nécessaires. Si elle ne le peut, faute de temps, etc., elle met le matériel de guerre hors de service.

L'arrière-garde franchit un défilé le plus rapidement possible, parce qu'elle court le danger d'être coupée ou d'y être refoulée. Si l'occasion se présente, elle fait auparavant tête à l'ennemi pour l'éloigner et le tenir en respect.

Quand on est maître d'un défilé, on l'utilise pour maintenir longtemps à distance un ennemi, même supérieur en nombre, surtout lorsque l'arrière-garde peut lui préparer des obstacles sérieux en détruisant un pont (1), ou en barricadant un passage déjà étroit par lui-même.

(1) A cet effet, on déboulonne les madriers qui forment le

.Lorsque *l'arrière-garde a franchi un défilé*, elle attaque avec impétuosité l'ennemi qui la poursuit, au moment où il débouche de ce défilé et avant qu'il ait le temps de se déployer, et le *rejette, si faire se peut, dans le défilé*, en profitant de tous les accidents du terrain pour s'embusquer et prendre de bonnes positions.

Il est important, pour une arrière-garde, de *se retirer à temps devant l'ennemi*.

3. L'ARRIÈRE-GARDE PRINCIPALE ET L'EXTRÊME ARRIÈRE-GARDE se conduiront d'après les observations qui précèdent, et d'après les règles tracées pour l'avant-garde.

4. LA POINTE. — Derrière l'arrière-garde, et à une distance convenable, marche *la pointe*, dans le même ordre que la pointe d'avant-garde ; ainsi, deux hommes qui se trouvent les plus rapprochés de l'ennemi, puis un troisième homme et, à quelque distance et comme chef, un sous-officier.

tablier du pont, et on les enlève à mesure que passent les dernières troupes. Les portes, les rues étroites et les chemins sont barricadés par des voitures entrecroisées chargées de fumier autant que possible, et à chacune desquelles une roue est enlevée. On rend les gués impraticables en plaçant au fond des herses, des charrues, des faux, les parties pointues ou tranchantes en dessus. Ces obstacles sont d'autant meilleurs qu'ils arrêtent plus longtemps l'ennemi sous le feu des défenseurs.

Pour la défense d'un defilé, il est souvent utile de combattre à pied, en mettant les tireurs à couvert.

La pointe doit souvent s'arrêter, *faire face en arrière* et *observer* si rien n'indique la présence de l'ennemi. Elle fait surtout ses haltes sur les points qui permettent à la vue de s'étendre au loin. Lorsque le GROS s'arrête, tous les détachements de l'arrière-garde *font face en arrière*, et les troupes de flanc font face en dehors.

CHAPITRE IX

Des détachements de flanc.

1. BUT ET CONDUITE DES DÉTACHEMENTS DE FLANC. — Les détachements de flanc ont, en général, pour *but de protéger les flancs de la colonne en marche contre les attaques et les reconnaissances de l'ennemi*. Ils doivent donc *fouiller avec soin tous les accidents de terrain situés sur les flancs* de la colonne, en se conformant aux prescriptions données à l'avant-garde, à l'arrière-garde et à leurs détachements.

2. Nous avons vu l'avant-garde et l'arrière-garde envoyer, pour couvrir leurs flancs, des groupes qui détachent eux-mêmes des flanqueurs.

Se tiennent en communication avec ces groupes LES PATROUILLES DE FLANC que le GROS détache sur ses flancs, et que protégent également des *pointes* et des *flanqueurs*. Ces patrouilles de flanc marchent à la hauteur du GROS et se relient à lui, pendant la nuit, par des *sentinelles* et *des groupes intermédiaires*.

La distance à laquelle les patrouilles de flanc se maintiennent du GROS dépend des circonstances et surtout du but à atteindre. *Tout accident de ter-*

rain, entre la colonne et les patrouilles de flanc, *doit être fouillé.* Lorsque *des accidents de terrain considérables* se présentent sur leurs flancs, par exemple des lacs, des marais, etc., elles ne les contournent pas, mais se replient derrière l'avant-garde et reprennent leurs places dès que l'obstacle est dépassé.

Les patrouilles de flanc, comme l'avant-garde et l'arrière-garde, doivent s'efforcer de remplir leur mission *sans se montrer à l'ennemi.* Elles marchent donc, autant que possible, à couvert; lorsqu'une ligne de hauteurs court parallèlement à la colonne, elles en suivent le pied. Leurs flanqueurs doivent également se dérober à la vue de l'ennemi; ils marchent l'un derrière l'autre et à une distance telle de la crête qu'ils puissent voir par dessus et découvrir l'autre versant.

Les patrouilles de flanc tournent, autant que possible, *les défilés,* et surtout les lieux habités. — En traversant *les bois,* elles conservent, si les circonstances le permettent, leur ordre de marche, mais leurs flanqueurs suivent la lisière, sans toutefois sortir du bois. Si le bois est fourré et étendu, des *postes intermédiaires* entretiennent les communications entre les différentes troupes et les flanqueurs. — Les patrouilles de flanc occupent les carrefours de routes, ponts, etc., qu'elles rencontrent, jusqu'à ce que la colonne les ait dépassés.

Les détachements de flanc évitent, autant que possible, tout engagement avec l'ennemi et cherchent à le contenir en tiraillant. Ils se replient, s'ils y sont forcés, dans un des intervalles de la colonne, pour ne pas l'empêcher d'ouvrir le feu, et aussi pour ne pas y porter le désordre.

Lorsque la colonne fait halte, tous les détachements de flanc font face en dehors.

4. S'il se trouve, en dehors du terrain que fouillent les patrouilles de flanc, un accident de terrain qu'il importe de fouiller ou d'occuper tant que la colonne se trouvera à proximité, il y sera envoyé un DÉTACHEMENT DE FLANC. Ce détachement a toute liberté d'action, mais se conforme toutefois aux règles prescrites pour les troupes détachées dans les marches.

CHAPITRE X

Des marches de nuit et des màrches dérobées.

1. LES MARCHES DE NUIT sont préjudiciables à la cavalerie; aussi en fait-on le moins possible.

Lorsque l'on ne connaît pas parfaitement le pays, il est indispensable d'avoir un guide sûr.

On doit maintenir la plus sévère discipline de marche et tenir surtout la main à ce que les différentes subdivisions conservent leurs distances réglementaires. — *On rapproche les uns des autres et de la colonne* tous les détachements et les hommes isolés. Des groupes et des postes intermédiaires entretiennent les communications nécessaires entre les différentes subdivisions.

Dans les marches de nuit, les pointes et les flanqueurs doivent souvent *s'arrêter, pour écouter s'ils n'entendent aucun bruit*, car l'obscurité les empêche de rien voir. On distingue mieux pendant la nuit, quand on a une hauteur devant soi ou lorsque, penché sur l'encolure du cheval, on regarde de bas en haut, parce que les objets que l'on observe se détachent mieux du sol.

La pointe, ou toute subdivision d'une colonne, arrivant à un *embranchement*, y laisse un homme jusqu'à l'arrivée de la subdivision qui suit, afin qu'il n'y ait point d'erreurs.

La pointe doit s'approcher avec précaution de *tout feu de bivouacs*, et chercher à reconnaître à qui ils appartiennent. Si l'on peut entendre la langue que parlent les troupes, on est à peu près fixé sur leur nationalité. Le plus sûr est de faire mettre pied à terre à un homme, qui s'approchera du feu en rampant.

2. Toute MARCHE QUI DOIT ÊTRE TENUE SECRÈTE est faite le plus souvent *pendant la nuit*. Aucun bruit ne doit être fait ; les hommes ne peuvent parler entre eux qu'à voix basse ; il est défendu de faire du feu et de fumer.

Les grandes routes et les lieux habités sont évités le plus possible. Les personnes que rencontre la colonne sont emmenées par elle, jusqu'à ce qu'il n'y ait plus rien à craindre de leurs indiscrétions. Les troupes de sûreté sont diminuées le plus possible, parce qu'elles peuvent contribuer à faire connaître la marche de la colonne.

Les marches secrètes ayant toujours pour but de *faire porter rapidement des troupes en avant*, on place autant que possible à l'avant-garde des hommes qui sachent réparer les chemins.

CHAPITRE XI

Des patrouilles.

1. Principes généraux. — On nomme patrouilles des fractions de troupes que l'on envoie pour *recueillir des renseignements* sur l'ennemi, sur le terrain ou sur des objets militaires, ou bien pour servir de *lien de communication*.

En général, leur rôle n'étant pas de combattre, elles évitent toute rencontre avec l'ennemi ; elles ne cherchent le combat que lorsqu'elles ne peuvent autrement accomplir leur mission, ou lorsqu'elles ont l'ordre de faire des prisonniers. — La force et la conduite des patrouilles dépendent de la mission qui leur est confiée et du terrain.

Le chef de patrouille doit être, tout à la fois, actif, sûr, adroit, prudent et audacieux. Il se fait bien expliquer ses *instructions,* et avant le départ fait lever tous les doutes qui pourraient lui rester. Le chef de patrouille reçoit toujours ses instructions du commandant de la troupe qui envoie la patrouille, et il lui fait son rapport lorsqu'il est de retour. S'il s'agit d'une importante mission à remplir et s'il est question de plusieurs localités, le chef de patrouille prend l'ordre par écrit ou se le fait dicter. — Pendant qu'il remplit sa mission, il doit observer avec la plus grande attention, non seulement tout ce qui a trait à cette mission, mais encore tout ce qui pourrait y avoir quelque rapport. Il doit *prendre note de tout* ce qui présente de l'intérêt, afin de pouvoir établir un *rapport clair* et *précis*.

Le chef de patrouille doit faire constamment tous ses efforts pour *remplir complètement sa mission*, et ne se laisser arrêter ni par le danger, ni surtout par la mollesse, l'insouciance, etc., *défauts très-graves* dans l'état militaire.

Fournir un faux rapport est une action déshonorante et qui mérite d'être punie. Ne fournir aucun rapport est souvent moins nuisible que d'en remettre un incomplet, qui peut facilement induire le commandant en erreur et l'amener à prendre de mauvaises mesures.

Le chef de patrouille doit employer *ses hommes selon leurs aptitudes* et vérifier lui-même, quand c'est possible, l'exactitude de leurs indications. S'il s'agit de recueillir des renseignements généraux sur l'ennemi, on s'informe avant tout où et quand il a été vu, quelle était sa force, quelle était l'arme, quel temps il a séjourné, quel était son aspect, quelles questions il a posées, ce qu'il a fait, quel chemin il a suivi, s'il a pris des guides, si ces derniers sont de retour, etc. — Les employés de la poste et autres, les ecclésiastiques, les maires, les hôteliers, les juifs, les chasseurs, et, dans certaines circonstances, surtout les enfants, moins habitués à mentir, peuvent donner aux patrouilles les meilleurs renseignements.

On choisit pour les patrouilles *les hommes les plus adroits et les meilleurs chevaux*, en exceptant les blancs et ceux qui hennissent. Les chevaux sont ménagés le plus possible, afin qu'ils puissent rendre plus de services à un moment donné.

Le chef de patrouille *doit communiquer à ses hommes le but de sa mission*, ainsi que tout ce qu'il apprend à ce sujet, afin que, si un malheur lui arrive, ils puissent faire parvenir les renseignements à destination. — Il désigne un *lieu de ralliement général* pour le cas où quelques hommes s'égareraient ou seraient dispersés.

Il est de règle que toute patrouille prend *pour le retour un autre chemin* que *pour l'aller*. On obtient ainsi plus de renseignements, et on risque moins d'être surpris.

S'il est nécessaire qu'une patrouille *se repose* ou *fasse manger les chevaux*, elle évite de s'arrêter dans des lieux habités ou même devant des auberges ; elle cherche au contraire un endroit retiré et caché, et place des sentinelles de sûreté, qui sont également à couvert.

Toute patrouille *détache* en avant et en arrière une pointe, et, suivant les circonstances, des groupes sur les flancs, mais doit conserver, comme corps principal, la moitié au moins des hommes réunis. Les détachements sont rappelés, dès que les circonstances le permettent, excepté les deux pointes. Pendant la nuit, on retire les flanqueurs, s'ils ne peuvent rester en constante et sûre communication avec le groupe qui les détache.

La nuit, une patrouille doit plus se fier à ses oreilles qu'à ses yeux, et par conséquent s'arrêter souvent et écouter. Pour mieux entendre, un homme descend de temps en temps de cheval et place l'oreille contre terre. Il est défendu de faire du bruit et de fumer.

Le meilleur moyen de traverser *des forêts*, c'est de se diviser en plusieurs fractions qui se suivent à petites distances.

Une patrouille qui rencontre l'*ennemi* en rend compte immédiatement, continue à l'observer sans se montrer et se retire sans bruit, quand sa mission est remplie.

Si l'ennemi la découvre, elle se replie en tirant beaucoup pour prévenir le GROS. Si elle ne peut ni s'échapper, ni se faire jour, le chef disperse ses hommes, qui pourront plus facilement passer isolément et apporter des renseignements sur l'ennemi. — Une patrouille cernée, qui n'a rien d'important à communiquer, cherche à s'échapper d'abord par des détours, puis à la faveur de la nuit.

Lorsque des patrouilles se rencontrent pendant la

nuit, elles se reconnaissent. Celle qui est hêlée la première agit comme une vedette et demande la *passe* et le *mot de ralliement.* (Voir chapitre XIII, n° 10.) Lorsqu'elles se sont reconnues, les chefs se communiquent tout ce qu'ils ont remarqué d'important et surtout ce qu'ils ont appris sur l'ennemi.

Si, au contraire, la pointe reconnaît qu'elle a à faire à l'ennemi ou si, à l'improviste, elle rencontre l'ennemi, alors la patrouille doit se précipiter sur lui pour le surprendre. Quelques hommes ont souvent, en pareil cas, fait de grandes choses; il faut pour cela du courage, de la présence d'esprit et parfois de la ruse. De nombreux commandements, des sonneries, etc., font souvent croire à l'ennemi, dans le premier moment de la surprise, qu'il a devant lui de nombreuses troupes. *Plus les circonstances sont périlleuses, plus le soldat, et surtout le chef, doit rester calme et maître de lui.* Si l'attaque échoue, les hommes se dispersent et cherchent à gagner individuellement le lieu de ralliement désigné à l'avance.

De petites patrouilles ont l'arme haute et l'arment lorsque cela est nécessaire. Lorsque ces patrouilles sont composées de plus de deux hommes, le chef a le sabre à la main et la carabine au crochet. — Dans de grandes patrouilles, les pointes et les détachements ont l'arme haute ; le chef et les autres hommes ont le sabre à la main et, selon les circonstances, la carabine à la botte ou au crochet.

On distingue les *patrouilles de reconnaissance,* dont font partie les *patrouilles volantes,* les *pa-- trouilles de poursuite* et les *patrouilles de communication.*

2. LES PATROUILLES DE RECONNAISSANCE étant envoyées souvent au loin, doivent être assez nombreuses pour ne pas être obligées de céder devant de petits partis ennemis et de renoncer à remplir leur mission, mais pas assez nombreuses pour trahir leur présence.

Le chef doit être muni, autant que possible, d'une bonne carte du pays. Un guide à cheval est donné à la patrouille. L'ordre pour la reconnaissance doit bien préciser l'espèce de renseignements à prendre sur l'ennemi ou sur une portion de terrain.

La patrouille se couvre par une avant-garde, une arrière-garde et des patrouilles de flanc. Derrière la pointe marchent deux hommes qui servent d'extrême avant-garde, puis le gros de la patrouille. Deux hommes marchent l'un derrière l'autre sur chaque flanc, comme flanqueurs. L'arrière-garde n'a pas d'extrême arrière-garde et ne se compose que de la pointe habituelle. — Lorsque la patrouille est très-faible, on diminue le nombre des hommes détachés.

Les patrouilles de reconnaissance marchent à

couvert, autant que leur mission le permet; elles évitent donc les lieux habités, les grandes routes, etc., et se bornent à les observer.

Lorsque ces *patrouilles sont composées de différentes armes,* elles se prêtent un mutuel appui, comme cela a toujours lieu devant l'ennemi, l'infanterie s'employant particulièrement dans les terrains coupés, et la cavalerie dans les terrains découverts et aux grandes distances.

Si la reconnaissance doit s'arrêter à un défilé, l'infanterie s'y place comme *repli,* tandis que la cavalerie se porte un peu en avant. — Si elle doit revenir par un défilé qu'elle a déjà passé, elle y laisse quelques hommes, qui doivent faire feu si l'ennemi tente de couper ce passage. Tout point d'où la vue s'étend au loin est également occupé par quelques hommes, qui font feu dès qu'un danger menace la patrouille.

Une patrouille de reconnaissance qui, *après avoir découvert l'ennemi,* ne peut avoir, du lieu où elle est arrivée, des renseignements suffisants, se porte à toute vitesse sur un point qui lui permette de découvrir la position de l'ennemi, ou bien qui lui fasse espérer de le forcer à se montrer en nombre.

Il est souvent très-important de *faire des prisonniers,* pour obtenir d'eux des renseignements détaillés, etc. Des patrouilles envoyées dans ce but doivent, par la ruse et l'audace, chercher à couper ou à prendre de petites patrouilles ou des hommes détachés. Si elles n'y réussissent pas, elles s'approchent, autant que possible à couvert, de la ligne des avant-postes ennemis et tombent sur les vedettes et les grand'gardes pour faire des prisonniers.

Lorsque de petites patrouilles — *patrouilles de découverte* — sont chargées de missions particulières, comme par exemple de fouiller un terrain spécialement désigné, leurs chefs doivent recevoir des instructions précises sur le lieu de ralliement et sur la ligne de retraite. Des communications sont, autant que possible, établies avec ces petites patrouilles.

Lorsque des patrouilles sont envoyées en reconnaissance vers *une place forte*, les hommes se disséminent en arrivant à portée de l'ennemi, parce qu'un groupe présenterait un but au tir des pièces. Pendant la nuit, quelques hommes se glissent isolément, après avoir mis pied à terre au besoin, jusqu'auprès des ouvrages, pour écouter si aucun bruit n'indique une prochaine sortie.

3. DES PATROUILLES VOLANTES SONT DES PATROUILLES DE RECONNAISSANCE composées de quelques chevaux seulement — deux ou trois habituellement — chargées de s'approcher le plus près possible de l'ennemi, dans le plus grand silence, à couvert et avec prudence, et de se procurer *des renseignements* soit sur l'ennemi, soit sur le terrain. Leur petit nombre, la nuit, le temps de pluie et de brouillard, le terrain accidenté, peuvent permettre à des pa-

trouilles volantes d'opérer *sans être aperçues*. Les hommes marchent séparés les uns des autres, afin de ne pas être tous enlevés en cas de surprise; ils observent le plus grand silence et communiquent entre eux par signes. Il est souvent nécessaire qu'un homme mette pied à terre et rampe pour s'approcher de l'ennemi plus près qu'on ne pourrait le faire à cheval. On choisit pour ces patrouilles les hommes les plus hardis, les plus adroits et les plus rusés; on évite surtout d'employer à ce service des chevaux blancs ou des chevaux qui hennissent fréquemment. — Les patrouilles volantes parviennent souvent, tout en accomplissant leur mission, à *surprendre le mot de passe et le cri de ralliement ennemis.*

4. LES PATROUILLES DE POURSUITE ont pour mission de rester *en contact avec l'ennemi*, c'est-à-dire de l'observer partout où il est. On indique à ces patrouilles la distance à laquelle elles doivent suivre l'ennemi et les précautions à prendre pour qu'elles ne soient ni surprises ni coupées. Leur plus sûr moyen de remplir leur mission, c'est de rester cachées à l'ennemi.

5. LES PATROUILLES DE COMMUNICATION sont destinées à *maintenir les communications entre deux troupes qui combattent ou qui marchent.* Elles se tiennent entre ces deux troupes et détachent des pointes et des flanqueurs. Ceux-ci sont en communication immédiate avec la troupe située de leur

côté ; ils observent les mouvements et en rendent compte au chef de leur patrouille qui, selon les circonstances, les communique à la troupe située du côté opposé.

CHAPITRE XII

DES AVANT-POSTES

Quelques remarques générales sur le service des avant-postes.

1. But des avant-postes. — La protection donnée au *gros*, lorsqu'il est en marche, contre une attaque de l'ennemi, par l'avant-garde, l'arrière-garde et les troupes de flanc, lui est donnée par les *avant-postes lorsqu'il est au repos*, au bivouac, au camp ou en cantonnement. — *Leur but* est d'observer exactement l'ennemi, de rendre compte de tout changement dans sa position, de repousser les attaques de petits partis et d'arrêter assez longtemps des troupes nombreuses, pour que *le gros* ait le temps de prendre ses dispositions de combat.

2. Placement provisoire des avant-postes. — Aussitôt qu'une troupe dans le voisinage de l'ennemi *cesse de marcher* ou *cesse de combattre, elle doit placer des avant-postes*. Les détachements les plus rapprochés de l'ennemi (en marche, l'avant-garde ou l'arrière-garde) s'établissent comme avant-postes ; ils sont plus tard, selon les circonstances, relevés par d'autres troupes.

Le commandant supérieur indique au *comman-dant des avant-postes la partie de terrain qu'ils doivent occuper*, et les troupes désignées occupent aussitôt ce terrain. Les chefs de ces troupes se présentent au commandant des avant-postes, qui leur donne une *instruction provisoire*.

La force des avant-postes dépend du nombre des troupes qu'ils doivent couvrir, de la proximité et de la force de l'ennemi, du terrain, de l'heure et d'autres circonstances.

En général, ils doivent *occuper tous les chemins* qui, de l'ennemi, conduisent aux troupes au repos (*le gros*).

3. LA CAVALERIE fournit les avant-postes en terrain découvert ; l'infanterie, quand elle n'est pas trop fatiguée, les fournit en terrain coupé ; mais on attache aux avant-postes d'infanterie quelques cavaliers pour transmettre les rapports.

Aussitôt que le *cavalier* est commandé *pour les avant-postes,* il s'assure que son cheval est bien sellé, bien chargé et bien bridé, que ses armes sont en bon état, que sa carabine joue bien ou qu'il y a de la poudre sèche dans la cheminée du pistolet, et que la capsule n'est pas détériorée.

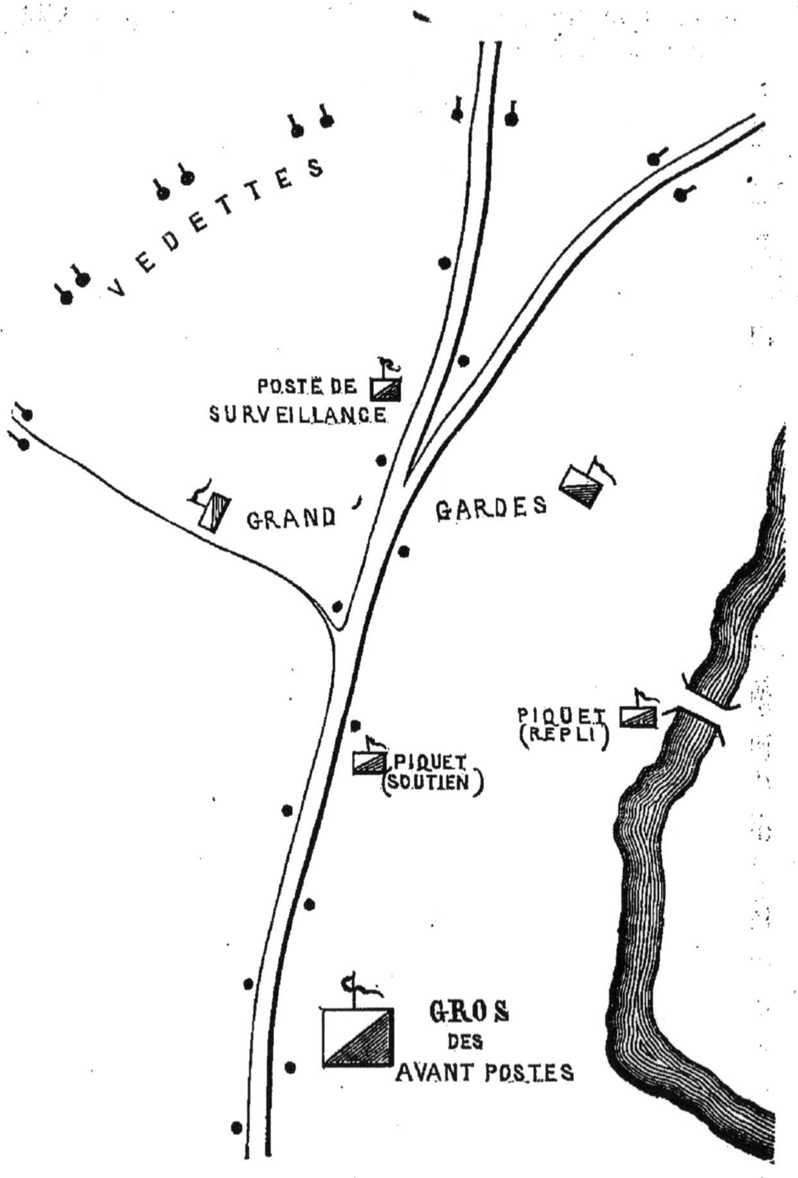
VEDETTES
POSTE DE SURVEILLANCE
GRAND GARDES
PIQUET (REPLI)
PIQUET (SOUTIEN)
GROS DES AVANT POSTES

CHAPITRE XIII

Des vedettes.

1. EXPLICATION. Les vedettes sont des sentinelles placées par la grand'garde pour la protéger contre toute surprise et pour observer la position et les mouvements de l'ennemi. Elles ont aussi à empêcher toute communication avec l'ennemi. Elles doivent former une chaîne infranchissable entre l'ennemi et nos troupes. Leur nombre est réglé en conséquence.

2. DEVOIRS. — Les vedettes doivent avoir la plus grande vigilance et être attentives à tout ce qui peut avoir rapport à l'ennemi. Elles sont *l'œil et l'oreille* de la grand'garde, et doivent se pénétrer de l'importance du rôle qu'elles ont à remplir.

Elles ne doivent ni dormir, ni mettre pied à terre, ni manger, ni fumer, ni rien faire qui puisse détourner leur attention ; elles ne doivent se relâcher dans leur service ni par la fatigue, ni par le vent et le mauvais temps. Les vedettes ne peuvent quitter leur poste que sur un ordre ou lorsqu'elles sont relevées ou rappelées, à moins qu'elles n'y soient forcées par l'ennemi. Toute infraction et toute négligence sont sévèrement punies.

Les vedettes ne rendent *pas d'honneurs ;* à l'approche d'un supérieur, elles prennent la position, ne lui rendent pas compte, mais répondent à haute et intelligible voix à ses questions.

Si une vedette, perdant le sentiment du devoir et de l'honneur, cherchait à *entraîner son camarade à déserter*, celui-ci devrait l'exhorter à rester fidèle à son serment ; cependant si, malgré des représentations, et même des menaces, la vedette veut passer à l'ennemi, le camarade doit faire feu sur elle. Les postes d'avertissement et les postes voisins préviennent aussitôt.

A. PENDANT LE JOUR.

3. PLACEMENT DES VEDETTES. — Les vedettes sont placées par le commandant de la grand'garde ou par un sous-officier désigné, et se tiennent en terrain découvert à une distance de 1,000 à 1,200 pas en avant de la grand'garde, et à 1,000 pas au plus les unes des autres, toutefois à une distance telle que l'on ne puisse se glisser entre elles.

L'emplacement des vedettes doit être choisi de manière qu'elles puissent voir au loin sans être vues. Elles sont donc placées de préférence derrière des accidents de terrain ou sur des hauteurs, mais en les masquant alors le plus possible ; ainsi par exemple : dans une dépression du sol, ou un peu en arrière de la crête qu'elles ne doivent dépasser que de la tête. Les uhlans, dans ce cas, abaissent la lance. Les vedettes sont placées de préférence sur les chemins — toujours sur les routes — qui coupent la ligne des vedettes. — Il faut que chaque vedette puisse voir ses voisines. S'il ne peut, par exception, en être ainsi, un des deux hommes se porte souvent au point d'où il voit les vedettes voisines.

Lorsqu'il y a *des défilés, des villages*, etc., dans la chaîne des avant-postes, les vedettes sont placées au-delà de ces défilés, villages, etc. Il en est de même pour les bois et les bosquets, mais les vedettes restent cachées derrière les arbres de la lisière. On choisit alors de préférence les saillants pour avoir une vue plus étendue.

Les vedettes ne doivent pas s'approcher, pendant le jour, à moins de 600 *pas* des *fermes, haies, bosquets*, etc., dans lesquels l'infanterie ennemie pourrait se glisser.

Il se trouve souvent en *avant de la chaîne des vedettes* ou en dedans des *accidents de terrain* qui ne sont pas vus complètement par les vedettes et qui peuvent favoriser les approches de l'ennemi, comme par exemple : chemins creux, bosquets, fossés, etc. Ils doivent être observés, et un homme s'y transporte pour s'assurer qu'il ne s'y passe rien de suspect. Si de tels accidents sont peu éloignés de l'emplacement des vedettes, on peut aussi y placer un homme.

Les ailes de la chaîne des vedettes doivent se replier en arrière ou bien s'appuyer à des accidents de terrain impraticables, par exemple : à des rivières, marais, lacs, etc.

Lorsque cela ne se peut, on place sur le flanc, et de même entre deux grand'gardes éloignés l'une de l'autre, *une patrouille* dite *permanente* (nommée aussi *poste* de *sous-officier* ou de *Cosaque*); celle-ci a un rôle tout spécial et se compose habituellement d'un sous-officier et de quelques hommes chargés d'observer le terrain en avant et d'y patrouiller. A de tels postes conviennent particulièrement un mamelon ou tout autre point d'où l'on ait un horizon étendu. On place de même un poste de ce genre sur tout point en avant de la ligne des vedettes, et favorable à l'observation.

Ces *postes avancés* n'étant pas reliés directement avec les avant-postes, on se tient en communication avec eux par des patrouilles continuelles.

Habituellement, on adjoint une patrouille permanente à toute grand'garde d'officier.

Sur un terrain découvert où l'on peut surveiller au loin, on place, dans certains cas, pour diminuer le nombre des vedettes, un poste d'observation sur une tour, une montagne, etc.

Chaque poste de vedette se compose de deux hommes, afin que si l'un doit s'éloigner pour aller rendre compte, l'autre puisse continuer à observer.

Ces deux hommes appartiennent à la même file. Afin de surveiller plus de terrain, l'homme du premier rang se place à droite, faisant un démi-à-droite, celui du second rang à gauche, faisant un demi-à-gauche, tous les deux face à l'ennemi.

Si un terrain difficile se présente en avant du poste, on place dans cette direction le plus adroit des deux. La carabine est placée sur la cuisse. Quand il pleut, l'arme est tenue sous le manteau. Dans quelques régiments, les vedettes et les flanqueurs ont le sabre suspendu au poing par la dragonne.

Dans chaque grand'garde, les vedettes sont numérotées de droite à gauche.

4. LE POSTE DE SURVEILLANCE (composé d'un sous-officier et quatre hommes) est *destiné* à *arrêter* et à *reconnaître* toute personne qui franchit la ligne des vedettes de l'intérieur à l'extérieur, *et vice versa*. (Voir à ce sujet les paragraphes suivants.) Ce poste se tient à une distance de 200 à 300 pas environ, le plus possible à couvert, en arrière de la vedette placée sur la route qui coupe la ligne des vedettes.

On ne donne habituellement à chaque grand'garde qu'un poste de surveillance. Lorsque la ligne des vedettes n'est coupée par aucun chemin, le poste de surveillance est placé d'après la conformation du terrain, de manière qu'il puisse remplir son but.

Le poste de surveillance ne fait pas de feu ; les hommes reçoivent leur nourriture de la grand'-garde. Aucun d'eux ne peut s'éloigner de son cheval ; la carabine est au crochet. — Lorsqu'un supérieur s'approche du poste de surveillance, son chef monte à cheval et se présente. — Lorsqu'il est relevé, le chef du poste rend compte de tout ce qui a franchi, pendant sa garde, la chaîne des avant-postes, ainsi que de tout autre événement.

5. Chaque vedette reçoit *une consigne particulière*. Celui qui pose la vedette ne la quitte que lorsqu'elle *connaît exactement* sa consigne. Le mieux est de lui faire répéter cette consigne.

Toute vedette doit connaître : son numéro, l'emplacement des vedettes voisines, le régiment dont elles font partie, l'emplacement du poste de surveillance, de la grand'garde et de son soutien, le numéro de la grand'garde, le chemin le plus court y conduisant, qui la commande, qui commande les avant-postes — où se trouvent les avant-postes ennemis et quelles armes les composent — où conduisent les routes et chemins qui sont en vue, d'où ils viennent, quels sont les chemins qui mènent à l'ennemi, s'il les occupe et s'ils sont praticables, de quels points on peut s'attendre à voir arriver l'ennemi — les noms des localités, hauteurs, cours d'eau, etc., situés en avant, où et pour quelles armes ils sont praticables, ainsi que

6.

des fossés, marais, prairies inondées, chemins creux, etc.

Il est nécessaire que l'homme possède tous ces renseignements, aussi bien pour *régler sa conduite* que pour fournir des *indications précises dans ses rapports*. Si donc ils ne lui étaient pas donnés complètement, lorsqu'on le met en vedette, il profiterait de toute occasion favorable pour se procurer ceux qui lui manquent auprès des patrouilles, des habitants, des voyageurs, ou en observant lui-même ce qui est dans son voisinage.

En général, le *plus grand silence* doit régner dans la ligne des vedettes et ne peut être interrompu que par les qui-vive? A l'exception des supérieurs directs et de ceux qui les accompagnent, personne ne peut rester dans la ligne des vedettes.

Lorsqu'une *vedette* est *relevée*, elle prévient de son départ la vedette voisine, si celle-ci appartient à une autre grand'garde. Lorsqu'une vedette reçoit cette communication, ou lorsqu'elle s'aperçoit du départ de la vedette voisine, sans que celle-ci l'ait prévenue, elle rend compte aussitôt à la grand'-garde.

6. Pour franchir la ligne des vedettes pendant le jour, on se conforme à l'instruction suivante :

La ligne des vedettes ne peut, sans aucune exception, être franchie, soit pour aller au dehors du côté de l'ennemi, soit pour rentrer à l'intérieur, que sur les routes qui les traversent — dans la règle, sur la route seulement où est placée la grand'garde — toutefois après que le sous-officier du poste de surveillance a examiné et reconnu non suspectes les personnes qui demandent à passer.

Si quelqu'un, venant de l'intérieur ou de l'extérieur, s'approche de la ligne des vedettes, une des vedettes les plus voisines se porte à 60 pas environ à sa rencontre et crie à l'arrivant : « HALTE ! » S'il s'arrête, la vedette ajoute : « ON NE PASSE PAS ICI ! » et désigne la vedette placée en avant du poste de surveillance où l'on peut passer. Si l'arrivant obéit à cet ordre, le cavalier l'accompagne jusqu'à la vedette voisine, qui, à son tour, l'accompagne jusqu'à la vedette désignée.

Si l'arrivant ne s'arrête pas au cri : « HALTE ! » ce cri est encore deux fois répété, et si malgré cela il ne s'arrête pas, on fait feu sur lui. On fait également feu sur lui, s'il cherche à s'enfuir.

Si *plusieurs personnes* se présentent, on agit de même, mais après avoir crié halte à la troupe et fait avancer un des hommes qui la composent.

Lorsque se présentent des soldats ennemis qui se font connaître comme *déserteurs*, la vedette leur crie, à une distance de 80 à 100 pas : « *Halte !* » « *demi-tour !* » Il leur est ensuite ordonné de déposer leurs armes et de s'éloigner à quelque distance ; si ce sont des cavaliers, ils doivent mettre pied à terre et attacher les chevaux ensemble. Ils sont ensuite conduits au poste de surveillance. Leurs armes sont rapportées plus tard par les vedettes, quand on les relève. Il ne peut rien être enlevé aux déserteurs de ce qui leur appartient.

La vedette, placée en avant du poste de surveillance, agit généralement comme les autres vedettes, quand se présentent des personnes demandant à franchir la ligne des vedettes ; seulement elle annonce, aussitôt que possible, au poste de surveillance, l'approche de ces personnes.

Dès que l'approche d'une *personne est signalée au poste de surveillance*, le chef de ce poste s'avance à cheval jusqu'au près de la vedette, *examine* la personne, et si elle lui paraît suspecte, d'après l'instruction qu'il a reçue du commandant de la grand'garde, il la fait conduire par un homme à cette grand'garde. — Si la vedette signale l'approche de *plusieurs personnes*, tout le poste de surveillance monte à cheval, se dirige vers la vedette, et le chef de poste examine la personne qu'il a fait avancer auprès de lui. Lorsqu'il n'y a que deux ou trois personnes, le chef du poste de surveillance peut les faire conduire à la grand'garde, si elles ne présentent rien de suspect. Lorsqu'il y a plusieurs personnes, celle qui s'est avancée est conduite à la grand'garde par un homme du poste de surveillance, qui fait en même temps un rapport exact de ce qui arrive.

Les personnes restées devant la ligne des vedettes sont considérées comme si elles étaient arrêtées (1), surveillées de près et traitées en ennemi à la moindre tentative de fuite ou de résistance.

Si les personnes qui se présentent à la chaîne des avant-postes sont bien reconnues comme amies, le chef du poste de surveillance les laisse passer, mais prévient d'abord la grand'garde.

Lorsque des *personnes ne portant pas l'uniforme militaire*, comme des paysans, des voyageurs, etc., se présentent venant de l'intérieur ou de l'extérieur, la vedette les hèle, et le chef du poste de surveillance leur pose les questions suivantes et d'autres encore, selon leurs réponses : « HALTE ! » — (S'IL Y A PLUSIEURS PERSONNES. — « UN HOMME EN AVANT ! ») — « QUI ÊTES-VOUS ? » — « D'OU VENEZ-VOUS ? » — « OU ALLEZ-VOUS ? » — « QU'AVEZ-VOUS A Y FAIRE ? » — « N'AVEZ-VOUS RIEN VU OU ENTENDU DE L'ENNEMI ? » — « OU, QUAND, DANS QUELLE DIRECTION, QUELLE ÉTAIT SA FORCE, QUELLES TROUPES ? » etc.

Si elles peuvent donner quelques indications sur l'ennemi, un homme du poste de surveillance les conduit à la grand'garde et transmet en même

______

(1) Toute personne arrêtée met pied à terre si elle est à cheval ; ses armes lui sont enlevées et déposées loin d'elle. Elle doit rester à dix pas en avant du poste. Elle marche à trois pas en avant de l'homme chargé de la conduire.

temps leur déposition. Si elles ne savent rien de l'ennemi, elles attendent jusqu'à l'arrivée de la pose ou d'une patrouille qui les emmène à la grand'-garde.

Ces personnes doivent être traitées avec fermeté, mais avec politesse, parce qu'ainsi on obtiendra plus d'elles. Dans tous les cas, il faut agir avec prudence, surtout lorsqu'elles sont en nombre. Lorsqu'il y a des voitures, elles sont fouillées scrupuleusement; celles qui sont chargées de paille ou de foin sont sondées dans toutes les directions.

Tout parlementaire doit attendre, en avant de la ligne des vedettes *faisant face à l'extérieur*, jusqu'à l'arrivée des ordres du commandant de la grand'garde.

Pendant ce temps, les hommes du poste de surveillance qui sont auprès du parlementaire le surveillent; ils ne lient pas conversation avec lui, ne répondent à aucune de ses questions et ne permettent ni à lui ni à celui qui l'accompagne de regarder autour d'eux, afin qu'ils ne puissent rien voir de la position.

Quand défense est faite de recevoir un parlementaire, le chef du poste de surveillance le renvoie avec une fermeté qui n'admet pas de réplique.

Une vedette qui voit s'avancer vers elle *en même temps*, et de différents côtés, *deux troupes* ou *personnes*, ne peut en interroger qu'une à la fois et fait arrêter l'autre à grande distance.

Pendant qu'une des deux vedettes est absente pour rendre compte ou pour faire tout autre service, ou bien quand elle est malade, blessée ou tuée, si une personne s'approche de la ligne des avant-postes, *la vedette restée seule* ne peut la recevoir et *l'envoie à un poste voisin.* De même pendant l'absence d'une des vedettes, s'il se produit un fait à signaler, la vedette restée seule ne pouvant quitter sa place, cherche à attirer l'attention du poste voisin, et dans ce but tire un coup de fusil, si cela est nécessaire.

7. RAPPORTS DES VEDETTES. — Les vedettes rendent compte à la grand'garde du *moindre incident pouvant avoir trait à l'ennemi.* Elles préviennent particulièrement lorsqu'elles aperçoivent des troupes en marche, des nuages de poussière, des reflets brillants d'armes, etc., du feu, de la fumée, des fanaux allumés ou entendent des coups de feu, des roulements de voitures, etc.

Tout rapport doit être *bref* et *précis.* Le rapport commence toujours par indiquer d'où il vient, par exemple : « DE LA GRAND'GARDE DU LIEUTENANT N..., IL EST RENDU COMPTE QUE, etc. » — « DE LA VEDETTE N° 1, OU DE LA VEDETTE PLACÉE AU CHEMIN DE N..., IL EST RENDU COMPTE QUE, etc. » Si le rapport est écrit, on le présente en disant : « RAPPORT DE LA GRAND'GARDE DU LIEUTENANT N... »

Le rapport doit être *aussi complet que possible* et exempt d'exagérations. (Voir chapitre XVI, nᵒ 4.) Lorsque des troupes sont signalées, le rapport doit indiquer autant que possible leur force approximative, l'arme à laquelle elles appartiennent, la direction qu'elles suivent, l'allure de leur marche, le point où elles étaient lorsque l'homme est parti pour porter le rapport.

Le rapport est toujours porté par celle des deux vedettes qui peut donner le plus de renseignements. Pendant ce temps, l'autre vedette continue à observer l'objet signalé, et si cela a de l'importance, elle éveille l'attention des vedettes voisines. *Tout rapport important est porté à une allure vive*, et alors le cavalier fait ou remet le rapport sans mettre pied à terre, même si le supérieur est à pied.

Quand les vedettes entendent tirer, elles doivent observer dans quelle direction et à quelle distance on tire, si ce sont des coups de canon ou de fusil, et ensuite rendre compte de leurs observations. Quand des feux s'allument du côté de l'ennemi, elles en rendent compte, parce que ce peut être un signal d'attaque, etc.

(Pour les indices en campagne, voir chapitre XVI, nᵒ 4.)

Une vedette qui aperçoit du côté de l'ennemi quelque chose qu'elle ne peut distinguer clairement (par exemple : des nuages de poussière, une masse qui se meut, mais sans que l'on puisse reconnaître si ce sont des hommes ou des troupeaux, etc.), doit commencer par en conférer avec son camarade. Si celui-ci ne peut pas distinguer plus nettement, l'un des deux hommes à cheval décrit *des cercles*. Ces cercles sont décrits à une allure d'autant plus rapide que l'objet avance lui-même plus rapidement. Dès que l'on peut le re-connaître, on va en rendre compte.

Une troisième manière de prévenir la grand'-garde de quelque événement, c'est de tirer un coup de fusil. Il est dit, au n° 8 suivant, quand cela doit avoir lieu.

8. ATTAQUE PAR L'ENNEMI. — Lorsqu'une pa-trouille ennemie, de deux ou trois hommes, s'ap-proche de vedettes qui se tiennent à couvert, *celles-ci doivent ne pas se montrer*, mais les atta-quer à coup sûr et chercher à les faire prison-niers.

Si la patrouille ennemie a découvert les vedettes ou si elle est trop nombreuse pour être enlevée, alors un homme de chaque poste se précipite sur elle *pour la refouler*.

Le poste de surveillance est le soutien le plus rapproché des vedettes, et le chef de ce poste prend provisoirement leur commandement et dirige leurs mouvements.

Si l'ennemi *se précipite aux allures vives sur les vedettes ou s'il les surprend*, elles doivent *faire feu à plusieurs reprises* pour prévenir la grand'garde. Puis elles s'efforcent de maintenir l'ennemi en ti-raillant, et, lorsqu'elles ne peuvent plus lutter, elles se retirent dans une direction autre que celle de la grand'garde, pour ne pas attirer sur elle l'ennemi. — Elles doivent aussi *faire feu à plusieurs reprises, quand elles aperçoivent l'ennemi derrière elles ou sur leurs flancs.*

Mais ce n'est qu'en cas de nécessité absolue que l'on doit avertir la grand'garde par des coups de fusil répétés, et lorsqu'elle ne pourrait être prévenue à temps. Car en tirant inutilement, on alarme et on fatigue sans nécessité la grand'-garde, etc., et on finit par lui inspirer une sécurité dangereuse.

9. LES VEDETTES SONT, en principe, RELEVÉES toutes les deux heures ; elles *peuvent être* aussi relevées *plus souvent,* en cas de froid rigoureux, de mauvais temps, de fatigue des hommes et des chevaux, etc. Elles sont encore relevées plus souvent quand on craint les surprises, quand on veut tenir les hommes en éveil et remplacer en même temps les patrouilles par les poses.

Chaque fois que l'on va relever les vedettes, la grand'garde monte à cheval. Son chef la forme, fait mettre le sabre à la main (ou porter la lance), et commande :

« NUMÉRO 1 (2, 3) ! — MARCHE ! » Le sous-officier (ou le gefreite) de pose se porte avec les hommes désignés en avant ou un peu sur le côté, les range, les fait compter, fait faire haut le fusil, fait charger, mettre le chien au cran de sûreté et placer l'arme au crochet.

Le commandant de la grand'garde commande ensuite : « Rompez ! » et le sous-officier chef de pose ajoute : « Marche ! » La grand'garde, comme après tout changement, se reforme, se compte de nouveau, remet le sabre et met pied à terre.

Le veilleur avertit du retour de la pose la grand'garde, qui monte alors à cheval. — La pose s'arrête en avant ou sur le côté de la grand'garde ; son chef se présente, fait remettre le sabre (ou reposer la lance) et commande : « A vos places ! » Alors la grand'garde se reforme, se compte de nouveau et met pied à terre. — Les vedettes sont relevées en commençant par l'aile que le commandant de la grand'garde a désignée. Lorsque la ligne de vedettes est étendue, on peut, afin de ménager les chevaux, former deux poses ou bien renvoyer directement à la grand'garde les vedettes à mesure qu'elles sont relevées.

Il est bon de *cacher à l'ennemi la pose des vedettes ;* aussi la troupe qui vient relever doit suivre une ligne en arrière de la chaîne des vedettes et se tenir le plus possible à couvert. A 20 pas en arrière de la vedette, le chef de pose fait faire halte et front du côté de l'ennemi, et commande ; « Pose, marche ! » La nouvelle vedette se porte à côté de l'ancienne, remet le sabre (ou repose la lance) et fait haut le fusil.

Alors l'ancienne vedette *transmet la consigne* à la nouvelle et lui indique tout ce qu'elle sait sur l'ennemi et sur le terrain. Afin de ne rien oublier, elle doit *suivre un certain ordre*, par exemple : donner le mot de passe et de ralliement, même s'ils ont déjà été donnés, puis tout ce qui a trait au poste lui-même, à la grand'garde et au poste de surveillance, ensuite ce qui a rapport au terrain et enfin à l'ennemi. Pour faire connaître le terrain, on décrit tous les objets dans l'ordre où ils se présentent, de la droite à la gauche ou *vice versà*.

Cependant, si l'ancienne vedette *oublie quelque chose,* la nouvelle *doit le lui demander,* car elle ne peut, en aucun cas, invoquer cet oubli comme excuse. La transmission exacte de la consigne est de la plus haute importance, et le sous-officier doit, selon les circonstances, *rectifier* cette *consigne* et la *compléter*, car il est responsable.

La consigne transmise, l'ancienne vedette met le chien du fusil au cran de sûreté, l'arme au crochet et le sabre à la main (ou porte la lance); le sous-officier commande : « MARCHE! » et la pose se met en mouvement, la vedette relevée se plaçant à la gauche.

Le poste de surveillance est relevé le dernier, à moins que la grand'garde ne le fasse relever directement. (Voir chapitre XIII, n° 4.)

B. PENDANT LA NUIT (1).

10. PLACEMENT. — Comme il est plus difficile pendant la nuit d'apercevoir l'ennemi s'approcher des avant-postes, les vedettes doivent être *plus rapprochées les unes des autres et de la grand'garde* que pendant le jour. Les distances dépendent du temps et de l'obscurité.

En général, les vedettes doivent, pendant la nuit, être placées en arrière des défilés pour qu'on ne puisse les enlever, et sur les endroits mêmes qu'elles doivent observer, tels que chemins, ponts, etc., parce que l'obscurité ne permet pas de voir au loin. — Par les raisons données au chapitre X, les vedettes, postées pendant le jour sur les hauteurs, sont placées *pendant la nuit dans les bas-fonds.*

Il faut, la nuit, *se fier plus à ses oreilles qu'à ses yeux,* et, par conséquent, écouter souvent si quelque bruit ne trahit pas l'approche de l'ennemi. Les vedettes doivent donc éviter, autant que possible, de se couvrir les oreilles, comme, par exemple, en relevant le collet du manteau, etc. C'est pourquoi on ne les place jamais auprès de moulins ou autres machines faisant du bruit, et de chutes d'eau et, quand il fait du vent, auprès d'arbres.

(1) Dans ce qui diffère de la conduite pendant le jour.

Le cheval a l'ouïe fine ; la vedette observera donc si son cheval dresse les oreilles ou s'inquiète, ce qui l'avertirait de l'approche d'hommes ou de chevaux. — *Par le mauvais temps*, le cheval tourne habituellement la croupe du côté du vent. Ce mouvement se faisant d'une manière insensible pour le cavalier, et pouvant lui faire perdre sa direction, il doit, en prenant son poste, remarquer un objet fixe sur lequel il pourra s'orienter.

11. Pour se reconnaître réciproquement pendant la nuit, on se sert : DU MOT D'ORDRE, DE PASSE ET DU CRI DE RALLIEMENT. *Mais ces signes de reconnaissance ne suffisent pas* pour que l'on n'ait plus de soupçon sur une personne inconnue ; il faut alors agir prudemment et observer le maintien de celui qui s'approche, voir s'il est calme, ou préoccupé, ou s'il ne se trahit pas par un accent étranger.

Le mot d'ordre est un nom de ville. Il n'est donné qu'aux officiers. — *Le mot de passe* est un substantif composé de deux mots, par exemple : verre de bière *(Bierglass)*, crin de cheval *(Pferdehaar)*, etc. La personne hêlée doit donner le premier substantif, et la personne qui hêle le second. — Le cri de ralliement est un nom de baptême d'homme.

Le soldat doit considérer comme un secret le mot de passe et le cri de ralliement, et il serait déclaré traître s'il les confiait à quelqu'un. On doit les don-

ner *à voix basse*, afin qu'ils ne soient entendus que
de celui qui a hêlé, et qu'ils ne puissent arriver jusqu'à l'oreille d'un ennemi qui se serait glissé auprès
de la vedette. On doit avoir la prudence de ne donner les mots qu'à ceux qui ont qualité pour les
demander.

12. PASSAGE DE LA LIGNE DES VEDETTES. —
Pendant la nuit, si la vedette voit quelqu'un s'approcher, DE QUELQUE CÔTÉ QUE CE SOIT (même
par derrière), *elle doit le hêler* et se conformer,
avec son camarade, à ce qui a été prescrit pendant
le jour, mais en agissant avec encore plus de prudence. En se portant en avant pour reconnaître,
le cavalier s'efforce de distinguer ce qui s'approche;
dans ce but, il s'arrête de temps en temps et se
penche sur l'encolure de son cheval pour voir de
bas en haut. Dès qu'il croit que l'arrivant peut
l'entendre, il s'arrête (1), place son cheval comme
pour tirer, arme, met en joue et crie (pas plus
haut qu'il n'est nécessaire) :

« HALTE! » Si l'arrivant s'arrête, est reconnu
pour un soldat, et ne donne pas de lui-même le
premier mot de passe, la vedette crie :

« MOT DE PASSE! » — Ce premier mot donné,
la vedette rend le second, et tous les deux peuvent
alors croire qu'ils sont amis. Ensuite, pour se

____

(1) Les prescriptions générales disent à dix pas; dans la
cavalerie, c'est à une distance beaucoup plus grande.

faire entendre le moins possible, la vedette ajoute :

« AVANCE UN PEU ! » et lorsque l'on arrive à 8 pas :

« HALTE ! » — « CRI DE RALLIEMENT ! » Ce mot, donné exactement aussi, elle dit (si c'est le commandant de la grand'garde ou des avant-postes) :

« ON PEUT PASSER ! » et répond aux questions qui lui sont faites.

Si c'est une patrouille de la grand'garde dont la vedette fait partie, elle crie :

« PATROUILLE EN AVANT ! » se porte auprès de son chef et se comporte avec lui comme avec le commandant de la grand'garde.

Si elle a reconnu que plusieurs personnes se présentent en face d'elle, une patrouille, par exemple, elle crie, avant de demander le mot de passe :

« UN HOMME EN AVANT ! » Si ce sont des officiers : « UN SEUL, AVANCEZ UN PEU ! » et se conforme à ce qui vient d'être dit.

D'autres que les officiers, patrouilles et militaires précédemment désignés, sont conduits au poste de surveillance, comme pendant le jour, mais avec plus de précautions encore. — Si le sous-officier de ce poste ne connaît pas le chef de la troupe qui a été hélée, il cherche à découvrir, en posant à peu près les questions suivantes, si cette troupe est suspecte :

« QUI ÊTES-VOUS ? » — « DANS QUEL RÉGIMENT »

servez-vous ? » — « Dans quelle brigade, division, corps d'armée ? » — « Comment se nomment leurs commandants ? » — « Quelle est la force du détachement ? » — « D'ou vient-il ? » — « Ou va-t-il ? » etc. Les réponses font connaître si la troupe n'est pas suspecte. Dans ce cas, un homme du poste de surveillance se rend avec le chef de la troupe qui se présente à la grand'-garde, où des ordres seront donnés. La seconde vedette, ou bien le poste de surveillance, ne perd pas de vue, pendant ce temps, la troupe arrêtée en avant de la ligne.

Si la personne hèlée répond qu'elle ne peut donner ni le *mot de passe, ni celui du ralliement,* parce qu'elle était partie avant qu'ils n'eussent été communiqués, le sous-officier du poste de surveillance l'interroge comme il vient d'être dit; de même lorsque l'interpellé donne *les précédents mots de passe et de ralliement ;* mais dans ce dernier cas il faut agir avec prudence, parce que ces mots peuvent avoir été donnés par un déserteur.

Si c'est une patrouille qui ne peut donner ni le mot de passe ni celui de ralliement, ou qui excite quelques soupçons, on lui fait mettre pied à terre, pendant que l'on interroge son chef, et on la fait attendre en dehors de la ligne jusqu'à ce que l'on ait rendu compte.

Lorsqu'il est répondu : « Bon ami ! » au cri de la vedette, ce qui fait reconnaître que l'individu hêlé n'est pas *un soldat ami,* le sous-officier du poste de surveillance le fait approcher (s'ils sont plusieurs, il n'en fait approcher qu'un) en prenant les plus grandes précautions, l'interroge comme il a été dit au chapitre XIII, n° 6, pour les paysans, voyageurs, etc., et le fait de même conduire à la grand'garde, mais en usant d'une extrême prudence. On ne conduit jamais qu'un homme à la fois à la grand'garde, et seulement quand on espère en obtenir des renseignements sur l'ennemi. Ceux qui accompagnaient cet homme mettent pied à terre s'ils étaient à cheval, restent en avant de la ligne des vedettes, ne peuvent s'éloigner et sont sur-veillés par la seconde vedette et par le poste de surveillance.

Des déserteurs ne sont généralement pas reçus pendant la nuit, parce que l'ennemi emploie sou-vent cette ruse pour se procurer des renseigne-ments sur notre position. Toutefois, si le temps est très-clair et si les déserteurs ne sont pas en trop grand nombre, on peut se conformer à ce qui a été prescrit pendant le jour, après que l'homme de vedette ou le sous-officier du poste de surveillance s'est porté rapidement en avant et a reconnu que ces déserteurs avaient déposé leurs armes et mis pied à terre.

La vedette qui se trouve hêlée, en se portant en avant, répond : « Vedette, halte ! » pour affir-mer son droit de hêler elle-même et d'exiger une réponse. Si l'interpellé ne répond pas ou ne s'arrête pas, la vedette le hêle de nouveau. S'il ne répond pas encore ou ne s'arrête pas, et si la vedette est persuadée qu'elle a été entendue, elle fait feu après s'être assurée toutefois qu'elle n'a pas devant elle une tète de bétail ou un cheval sans cavalier. — Elle fait feu également sur l'individu qu'elle a hêlé, lorsque celui-ci continue à s'avancer à une allure vive, après le cri deux fois répété : « Au pas ! » ou bien s'il ne donne ni le mot de passe ni le mot de ralliement, ou s'il les donne faux, sans pouvoir en expliquer les motifs.

Toutes les fois que l'homme de vedette ou le poste de surveillance n'est pas sûr d'avoir devant lui un ami ou un ennemi, *il doit agir avec résolution*, mais se garder de faire feu avec précipitation, pour ne pas causer une fausse alerte, ou bien pour ne pas blesser ou tuer une personne inoffensive.

Si, pendant la nuit, un homme de vedette veut déserter, son camarade doit chercher à le tuer. S'il le manque, il prévient le poste voisin (ou bien le poste de surveillance), afin qu'il en rende compte. Si le poste voisin ne l'entend pas, il tire un coup de feu, et on arrive alors à lui de plusieurs points.

Une désertion est aussitôt annoncée par une patrouille de vedettes sur toute la ligne, et le commandant de la grand'garde change les mots de passe et de ralliement.

13. LE CRI DES VEDETTES est poussé, comme il a déjà été dit, à petite distance et *juste assez fort pour que l'arrivant le puisse entendre.* Des vedettes ne se laissent jamais approcher de trop près par des personnes étrangères, pour ne pas s'exposer à être surprises.

Avant de pousser son cri, la vedette doit se porter un peu en avant, à une distance de 30 à 40 pas au plus. Elle place son cheval comme pour tirer, arme et met en joue. La seconde vedette arme également, observe attentivement la personne hêlée et se tient prête à se porter rapidement au secours de son camarade. (Voir le n° 12 précédent.)

14. *Pour se tenir réciproquement en éveil, rester en communication et empêcher l'ennemi de se glisser entre elles,* les vedettes doivent faire DES PATROUILLES DE VEDETTES.

Un des deux hommes se porte vers la vedette voisine qui, de son côté, envoie un homme à sa rencontre. Ils ne se hêlent qu'une fois, autant que possible à voix basse, et se reconnaissent ensuite en faisant un signal convenu ou en s'appelant par leurs noms ; ils se donnent le mot de passe et puis se communiquent ce qui est arrivé ou ce qui a attiré leur attention.

Des patrouilles de vedettes *sont de la plus grande importance pendant la nuit ;* elles doivent être faites avec soin, surtout *au point du jour,* parce que c'est le moment généralement choisi pour *les surprises.* Il ne faut jamais se croire à l'abri d'une surprise ; la vigilance seule peut en préserver. Dans ce but, une des deux vedettes se porte souvent en avant pour écouter, en prenant toutes les précautions pour pouvoir retrouver son poste.

Des patrouilles de vedettes doivent aussi se faire pendant le jour, *par les temps de brouillard, d'orage ou de pluie.*

15. ATTAQUE PAR L'ENNEMI. — *Si l'on entend des coups de feu sur la ligne des vedettes,* un homme du poste de surveillance et un homme de chaque poste de vedettes doivent se porter dans la direction de ces coups de feu, pour en connaître la cause et pour porter secours, au besoin, à la vedette attaquée. — *Dans aucun cas, les deux vedettes placées au même poste ne peuvent le quitter en même temps,* parce qu'alors l'ennemi pourrait franchir, sans être aperçu, la ligne des vedettes. Si la vedette restée au poste entend le bruit se continuer dans la direction du coup de feu et remarque qu'il se rapproche, et si, en même temps, elle ne voit pas revenir son camarade, elle peut en conclure que l'ennemi gagne du terrain, et elle se replie alors lentement, en prenant garde de ne pas se laisser couper.

Si l'ennemi qui a attaqué une vedette *est plus fort* que les postes voisins et le poste de surveillance réunis pour venir la secourir, ces postes exécutent un tir rapide pour indiquer le point où l'ennemi se trouve, en se repliant sur un point voisin de la grand'garde et le plus lentement possible, pour lui donner le temps de se préparer au combat.

16. Pendant la nuit, LA POSE marche en faisant le moins de bruit possible, à 20 pas environ en avant de la chaîne des vedettes, ayant *comme pointe* un homme qui porte le fusil haut. Les vedettes hêlent la pointe, et celle-ci ayant répondu :

« POSE ! » elles lui font donner les mots de passe et de ralliement ; puis la vedette crie :

« MARCHE ! » se porte au devant du chef de pose, lui rend compte et le conduit au poste qu'elle occupe. La pose .fait face à l'ennemi, la pointe à 20 pas en avant d'elle. Les vedettes sont relevées comme pendant le jour. Avec la consigne, on transmet *aussi les mots de passe et de ralliement*, et on les fait répéter à la nouvelle vedette, pour être sûr qu'elle a bien compris.

Celle des deux vedettes qui a entretenu la communication avec le poste des vedettes voisines devient la pointe de la pose et la conduit à ce poste. — *Si la pose rencontre une troupe ou des personnes isolées*, la pointe les hêle et agit comme une vedette.

La pose devant opérer, pendant la nuit, dans le plus grand silence possible, on doit hêler et répondre sans élever la voix plus qu'il n'est nécessaire.

Lorsque la pose se présente devant la grand'garde,
le veilleur la hêle. (Voir chapitre 14, nº 2.) La
grand'garde monte à cheval, met le sabre à la main
et se conforme à ce qui est prescrit pendant le jour,
lorsque la pose a été reconnue.

CHAPITRE XIV

Des grand'gardes.

1. Principes généraux. — On nomme grand'-gardes les *gardes* placées en face de l'ennemi, *pour protéger des troupes au repos.* Elles forment autour de ces troupes la deuxième ligne des avant-postes (les vedettes forment la première ligne).

Le nombre et la force des grand'gardes dépendent de l'étendue et de la nature du terrain qu'elles doivent occuper. *Elles doivent ne pas être trop éloignées les unes des autres,* parce qu'il leur serait difficile de rester en communication avec les vedettes, et parce qu'elles seraient trop éloignées pour se porter à la rencontre de l'ennemi, s'il parvenait à franchir la chaîne des vedettes. *Elles doivent aussi ne pas être trop rapprochées les unes des autres,* parce qu'elles seraient alors trop faibles en nombre, ou bien il faudrait employer trop de troupes (1).

(1) Il est très-important, dans la petite guerre, de faire un juste emploi des troupes, car tout chef doit s'efforcer, avant tout, de n'imposer aux soldats que les fatigues nécessaires. Tous les hommes qui pourront ne pas être employés au service de sûreté, aux gardes, vedettes, etc., seront laissés au repos, afin que l'on puisse trouver, en cas de besoin, un plus grand nombre de forces vives.

Le principal but des grand'gardes étant d'assurer le repos des troupes campées, leur éloignement du gros ou des détachements de soutien est fixé d'après les circonstances.

Les grand'gardes ne doivent *pas être placées trop en avant,* parce qu'alors les rapports parviendaient trop tardivement au détachement de soutien, qui n'arriverait pas à temps au secours de ces grand'-gardes dans le cas d'une attaque subite.

2. LE VEILLEUR se tient à 15 pas environ en avant de la grand'garde ; le jour, il est à pied et sans arme à la main ; la nuit, il est à cheval, le fusil haut.

Il a généralement le même service qu'*une senti-nelle devant les armes* en garnison. Sa consigne varie selon le moment du jour, la localité, et selon d'autres circonstances ; il avertit toujours le commandant de la grand'garde lorsque quelqu'un s'approche ou lorsqu'un incident se produit parmi les vedettes. — Il monte à cheval en même temps que la grand'garde. Si un supérieur se présente, le veilleur agit comme une vedette. — *Pendant la nuit,* il hêle les passants et fait feu sur celui qui ne s'arrête pas après la seconde sommation.

3. LE POSTE D'AVERTISSEMENT (1), situé entre

---

(1) Le poste d'avertissement n'est placé que lorsque les circonstances le rendent nécessaire pour la sûreté de la grand'garde.

les vedettes et la grand'garde, est occupé par un seul cavalier à cheval. Il sert de *poste intermédiaire*, et il est toujours nécessaire lorsque le veilleur ne peut apercevoir toutes les vedettes. Le poste d'avertissement *doit être vu de la grand'garde et voir toutes les vedettes.* Il ne cesse de les regarder et rend compte de tout ce qui leur arrive. Lorsqu'une vedette se met en *cercle,* il en fait autant. Si elle tire un coup de fusil comme signal, il répète ce signal. — Le poste d'avertissement n'est placé *que pendant le jour*, et le cavalier a le fusil haut.

4. LE COMMANDANT DE LA GRAND'GARDE se présente, avant d'aller prendre son commandement, à son chef direct et au commandant des avant-postes.

Il reçoit de ce dernier *une instruction*, qu'il inscrit sur son portefeuille. Lorsque la grand'garde prend le poste pour la première fois, cette instruction doit indiquer tout ce que l'on sait sur l'ennemi et sur ses projets, et le degré de résistance à lui opposer s'il attaque avec des forces supérieures, les dispositions générales à prendre en pareil cas, et la ligne de retraite à suivre autant que possible. L'instruction indiquera encore l'emplacement des grand'gardes voisines et du soutien, l'endroit où les rapports doivent être adressés, la place où se tient le commandant des avant-postes, les heures où l'on doit envoyer chercher les ordres, les lieux d'où l'on tirera vivres, fourrages et objets de campement, et ceux où l'on ira faire boire, l'emplacement de nuit de la grand'garde, et enfin spécifiera si l'on peut faire du feu.

Avant d'aller prendre son poste, le commandant de la grand'garde inspecte minutieusement les hommes et les chevaux qui lui sont confiés. Il prend par écrit les noms des hommes et s'assure qu'ils ont leurs munitions, leurs fourrages et leur pain. — Il doit avoir une montre, du papier (autant que possible du carton fin) et un crayon. Il règle sa montre sur celle du commandant des avant-postes. Une lunette et une carte du pays sont très-utiles.

L'honneur du commandant de la grand'garde exige que son poste se trouve toujours prêt à combattre en cas d'attaque imprévue, et il doit prendre ses dispositions pour que les troupes placées en arrière aient le temps de se préparer au combat.

Pendant le jour, il doit non seulement étudier le terrain qui entoure son poste, mais encore aller lui-même reconnaître les chemins et leurs directions, afin de pouvoir en conséquence donner ses instructions à ses hommes. Il doit aussi profiter de toutes les occasions pour se procurer *des renseignements sur l'ennemi et sur la contrée*, les communiquer à ses hommes, et en se rendant à son poste, il examine déjà le terrain et particulièrement les chemins, pour le cas où il lui faudrait se replier pendant la nuit. — Il fait reconnaître les chemins qui conduisent du côté de l'ennemi, ainsi que le terrain environnant, afin de savoir s'ils sont praticables pour toutes les armes, s'il y a des points plus particulièrement favorables à l'attaque et à la défense, si les obstacles existants peuvent être tournés, si les défilés peuvent être franchis aussi sur des chemins latéraux; enfin il fait reconnaître la nature du terrain situé sur les derrières et la nature des chemins qui conduisent au soutien, etc. Des patrouilles sont faites particulièrement dans les localités environnantes et sur les grandes routes.

Si l'ennemi est près, le commandant de la grand'-garde cherche à savoir à quelle distance sont ses troupes avancées, quelles armes les composent, quelle est leur force, où se trouve le gros, quelles sont les intentions de l'ennemi, etc.

Lorsque le commandant de la grand'garde se porte sur la ligne des vedettes, il remet le commandement au plus ancien de ses inférieurs, en lui indiquant l'endroit où il va. S'il ne se joint pas à une patrouille, il se fait accompagner d'un trompette ou d'un homme pour porter, au besoin, ses ordres.

A. PENDANT LE JOUR.

5. PLACEMENT DES GRAND'GARDES. — *Le commandant d'une grand'garde qui est chargé de la placer* conduit sa troupe, en la couvrant par une pointe et par des flanqueurs, vers le centre du terrain à occuper. Là, ou bien à un point très-important, comme un nœud de routes, il laisse la moitié de sa troupe avec un sous-officier dans une position à couvert et se porte en avant avec l'autre moitié (et une pointe) sur une hauteur, si c'est possible, pour découvrir le terrain et arrêter provisoirement la ligne et le nombre des postes. Ensuite il place les vedettes, en commençant par une des ailes, sauf à rectifier plus tard les positions. — S'il le croit nécessaire, il fait fouiller tout le terrain à surveiller par la grand'garde et par les vedettes, avant d'établir les postes.

Habituellement, un tiers de la grand'garde est employé à fournir le service des patrouilles et deux tiers à fournir le service des vedettes. Si la grand'garde n'est pas assez nombreuse, les poses font le service de patrouilles, ou bien les vedettes sont plus espacées, si c'est possible.

Lorsque les vedettes sont placées, le commandant de la grand'garde *envoie des patrouilles* dans la direction de l'ennemi et vers les grand'gardes voisines, afin de se mettre en communication avec elles, communication qui doit de même être immédiatement établie par les vedettes. S'il le croit prudent, il envoie ces patrouilles avant et pendant le placement des vedettes. Il revient avec le reste des hommes à la grand'garde, et cherche alors pour celle-ci un *emplacement* convenable. Ensuite il place le poste d'avertissement et le veilleur.

L'*emplacement* de la grand'garde doit être choisi dans un *endroit caché,* par exemple dans un pli de terrain à pentes douces ou derrière des accidents de terrain, toutefois de manière qu'elle puisse se porter librement dans toutes les directions. La grand'garde ne doit jamais avoir à proximité, *devant elle* ou *sur ses flancs, un bois,* et *sur ses derrières un défilé.*

Il est nécessaire que la grand'garde soit placée dans un endroit caché, pour éviter les surprises de l'ennemi, qui ne doit pouvoir reconnaître la force et la position des avant-postes qu'en les attaquant; *mais elle ne doit jamais être placée dans des fermes closes ou dans une position telle que ses mouvements soient gênés par des défilés.*

Les grand'gardes doivent pouvoir communiquer librement, et à cet effet, *elles doivent ne pas être séparées les unes des autres par des accidents de terrain difficiles à tourner ou impossibles à franchir.* A moins de circonstances particulières, elles sont à une distance de 2,000 à 2,500 pas entre elles, et de 2,000 à 3,000 pas du soutien.

La grand'garde doit aussi être placée de telle sorte que l'ennemi soit forcé, dans une attaque, de se heurter à elle. — Les chemins conduisant de la grand'garde à la ligne des vedettes, au soutien le plus rapproché et aux grand'gardes voisines, doivent être d'un accès facile.

La grand'garde reste en deçà *d'un défilé*, mais elle envoie ses vedettes au delà et les déploie de manière qu'elles ne puissent être coupées. — Elle reste en arrière des villages à rues étroites, et place ses postes en avant. Si ces villages peuvent être tournés, la grand'garde peut s'établir sur le côté ou même en avant. — *Un bois à clairières* peut être choisi pour l'emplacement, si les vedettes voient au loin devant elles, parce qu'il protége contre les regards de l'ennemi et abrite du vent et du soleil.

Les grand'gardes des ailes doivent, comme les vedettes des ailes, êtres couvertes sur leurs flancs par des accidents de terrain impraticables (marais, lacs, rivières, etc.), être repliées en arrière ou bien couvertes par des patrouilles continuelles.

Chaque grand'garde reçoit un numéro; celle de l'aile droite a le n° 1.

Dès que l'emplacement de la grand'garde est fixé, *son commandant visite les emplacements des vedettes* et cherche à s'emparer d'un des habitants du pays, pour l'interroger sur tous les points qui lui sont inconnus.

Lorsque l'on remarque, du côté de l'ennemi, *des mouvements* qui ne peuvent être appréciés, mais qui semblent mériter d'*être reconnus par une forte patrouille,* on le signale d'une manière particulière dans le rapport.

6. Conduite a tenir par les grand'gardes. — Lorsque les vedettes sont placées et que les patrouilles, envoyées du côté de l'ennemi, sont rentrées en rendant compte *qu'aucune attaque n'est à redouter pour le moment,* la grand'garde met pied à terre.

Si l'on n'est pas certain de l'éloignement de l'ennemi, la moitié de la grand'garde reste à cheval. Les hommes qui ont mis pied à terre ont la bride au bras.

A la grand'garde, les chevaux restent constamment sellés et bridés ; ils ne sont débridés que pour manger et boire. On ne fait manger que la moitié ou le tiers à la fois, et on ne les conduit à l'abreuvoir que par groupes de deux ou trois; leurs cavaliers emportent armes et bagages et tiennent la bride sur le bras. Si l'abreuvoir est très-éloigné, on fait, autant que possible, apporter dans des seaux, etc., l'eau à la grand'garde, de l'endroit le plus rapproché. On doit se garder de faire manger et boire les chevaux lorsqu'ils ont chaud, et leur donner tous les soins possibles.

On selle à nouveau chaque cheval toutes les douze heures. La couverture est alors bien secouée et **replacée sur le cheval. On selle avec précaution et** sans précipitation. Une moitié des hommes sellent à la fois, afin qu'ils puissent s'entr'aider mutuellement et que l'opération soit terminée le plus rapidement possible.

On fait toujours manger, boire et seller à nouveau par fractions constituées, afin que le reste de la troupe soit toujours prêt à marcher. — Pendant le jour on désigne alternativement *pour dormir* autant d'hommes que les circonstances le permettent. Pendant la nuit, *tout le monde veille.*

Tout bruit qui n'est pas nécessaire est défendu à la grand'garde. Les troupes placées en arrière lui apportent ce dont elle a besoin dans son campement. Elle ne fournit pour aller à l'eau que le nombre d'hommes indispensables. (Voir chapitre II, n° 4.)

La grand'garde *ne rend pas d'honneurs.* Très-rarement aussi on la fait sortir. Lorsqu'un supérieur s'en approche ou arrive sur le terrain qu'elle surveille, les hommes restent au repos, mais sont, comme toujours, prêts à monter à cheval au premier signal; le commandant monte à cheval et va se présenter en disant, par exemple : « Grand'-garde n° 3 du sergent N..., forte de 20 chevaux, » rend compte de ce qui a pu se passer de nouveau et accompagne le supérieur sur le terrain surveillé par la grand'garde et par ses vedettes.

Lorsqu'*un officier* commande la grand'garde, et

c'est le cas général, il ne se présente pour rendre compte qu'au commandant des avant-postes, à un officier supérieur ou à un général.

Lorsque la grand'garde est autorisée à *faire du feu,* elle l'établit sur le côté de l'emplacement des chevaux et derrière un obstacle qui le cache à l'ennemi. Les hommes qui reviennent de vedette ou de patrouille peuvent seuls rester auprès du feu; les autres sont auprès des chevaux. Il est défendu de faire du feu et même de fumer lorsque l'on craint d'indiquer ainsi à l'ennemi l'emplacement de la grand'garde. *Lorsqu'il est défendu de faire du feu,* les hommes doivent se donner beaucoup de mouvement pour se réchauffer.

Chaque grand'garde doit être pourvue *d'allumettes et de bougies,* afin que l'on puisse lire les ordres et écrire les rapports. S'il est défendu de faire du feu, on doit aussi cacher la lumière du côté de l'ennemi.

Lorsque cela est possible, on doit se procurer, dans une localité voisine, de la nourriture chaude, de la bière chaude, etc.

Aucun homme ne peut quitter la grand'garde.

Lorsqu'une vedette déserte, le commandant de la grand'garde change les mots de passe et de ralliement, et en fait aussitôt prévenir le commandant des avant-postes et les grand'gardes voisines. Il est bon aussi de changer l'emplacement de la grand'-garde. — Le commandant de la grand'garde agit de même, s'il suppose que l'ennemi a surpris les mots de passe et de ralliement.

7. RAPPORTS DES GRAND'GARDES. — *Dès que les vedettes sont placées et les premières patrouilles de retour,* le commandant de la grand'garde rend compte au commandant des avant-postes de l'emplacement de la grand'garde, du nombre de vedettes, des points qu'elles occupent, des directions suivies par les patrouilles et de ce qu'elles ont vu. Il accompagne, autant que possible, ce rapport d'un croquis au crayon. Dans ces rapports, on doit éviter, en désignant l'heure, d'employer l'expression « *de nuit!* » et se servir des expressions « *du matin* » ou « *du soir.* »

Lorsque les heures ne sont pas fixées pour l'envoi des rapports au commandant des avant-postes, on lui en adresse un l'après-midi et un autre le matin, indépendamment du premier rapport d'installation. L'après-midi on fait demander, en même temps, les mots d'ordre, de passe et de ralliement, et le matin le rapport n'est adressé qu'après le retour des patrouilles, qui sont toujours envoyées à ce moment pour reconnaître la position de l'ennemi. — En cas d'événement important, on rend compte immédiatement. Lorsque les rapports ont une grande importance, ils sont adressés en même temps au commandant du soutien, à celui du gros et aux grand'gardes voisines.

Les rapports se font par écrit. Ils doivent conte-

nir : le numéro de la grand'garde, l'heure où ils sont expédiés et, s'il y est question de l'ennemi, autant que possible, la force, l'arme, le lieu et l'heure où il a été vu, la direction qu'il suivait; enfin, si les renseignements sont certains, et comment on les a obtenus, par exemple :

Grand'garde n° 2, le 31 août 1872,
5 heures 1/2 du matin.

La pose qui vient de rentrer rend compte qu'elle a vu à 5 heures, de ce côté-ci d'Arenberg, un escadron de cuirassiers ennemis qui se dirigeait au pas vers Ehrenbreitstein. La vedette n° 2 a rendu compte du même fait.

N....
Vice-maréchal-des-logis-chef,
et commandant de la grand'garde.

Un rapport doit être écrit lisiblement, surtout les noms propres; néanmoins, il est bon de lire le rapport à l'homme qui doit le porter, afin qu'il puisse le compléter, si une cause quelconque, pluie, etc., le rendait illisible.

Lorsque, par exception, un homme de la grand'garde est envoyé pour faire un rapport verbal, *on doit lui faire répéter le rapport, ainsi que le nom de celui auquel il est adressé.*

8. PASSAGE DE LA LIGNE DES AVANT-POSTES. — Excepté les officiers personnellement connus des vedettes et les patrouilles, personne ne peut fran-

chir la ligne des avant-postes sans une permission écrite du commandant des avant-postes. Dans ce cas, le commandant de la grand'garde fait accompagner le porteur de la permission par un homme jusqu'aux vedettes pour qu'elles le laissent passer.

Lorsque la grand'garde est prévenue que *des hommes en armes* s'approchent de la ligne des avant-postes, elle monte à cheval et envoie une troupe pour les reconnaître, ou bien pour soutenir les vedettes. Tout détachement qui rentre est conduit à la grand'garde ; s'il n'est pas connu, on l'examine de nouveau, et s'il ne semble pas suspect, on le laisse rejoindre son corps. S'il n'a pas les mots de passe et de ralliement, on le conduit au commandant des avant-postes ; mais s'il est nombreux, on n'y conduit que son chef.

Les habitants du pays qui se présentent sont tous, sans exception, conduits devant le commandant des avant-postes, après avoir été questionnés par le commandant de la grand'garde sur l'ennemi et sur tout ce qui peut être utile au service. Leurs réponses sont consignées dans un rapport qui les accompagne.

Quand *un parlementaire* est annoncé, le commandant de la grand'garde monte à cheval et va le reconnaître. Si le parlementaire n'a que des lettres à remettre, le commandant de la grand'-garde lui en donne un reçu et le congédie. Ces lettres sont envoyées sur le champ au commandant des avant-postes. — Si le parlementaire reste dans le voisinage des avant-postes, après avoir été congédié, on le traite en ennemi. Si l'on a lieu de croire qu'il a découvert notre position ou des mouvements de nos troupes, on le retient et on en rend compte.

Quand un parlementaire est chargé d'*une mission verbale* pour une autorité supérieure, on en rend compte au commandant des avant-postes en lui demandant des ordres. S'il ordonne que le parlementaire soit introduit dans les lignes, on lui bande les yeux avec son propre mouchoir, et on le conduit à l'endroit indiqué. (Sur la manière de le traiter jusqu'à ce moment-là, voir chapitre XIII, n° 6.)

Les déserteurs sont d'abord examinés par la grand'garde, puis conduits en plusieurs détachements, si cela est nécessaire, par une patrouille au commandant des avant-postes. Leurs réponses sont consignées dans le rapport qui les accompagne. Leurs armes sont envoyées plus tard. La grand'garde monte à cheval si les déserteurs sont nombreux.

9. ATTAQUE PAR L'ENNEMI. — *Lorsque l'ennemi s'approche* de la ligne des avant-postes, la grand'-garde se porte en avant pour soutenir les vedettes. Selon les circonstances, la grand'garde charge avec impétuosité l'ennemi, ce qui est le meilleur moyen de le refouler. Les grand'gardes se prêtent un appui réciproque.

Si l'ennemi est assez fort pour obliger *la grand'-garde à se replier,* elle opère son mouvement de retraite aussi lentement que possible, dans la direction indiquée par la consigne, mais jamais dans celle du soutien, pour ne pas le gêner dans son mouvement offensif. On obtient en même temps cet avantage que la grand'garde ou le soutien menace le flanc de l'ennemi.

Si l'approche de l'ennemi est signalée, ou si les vedettes se mettent en cercle, le commandant de la grand'garde se porte aussitôt sur la ligne des vedettes. *Si la troupe ennemie est d'une force supérieure à celle d'une petite patrouille,* le commandant des avant-postes est prévenu. Il en est de même lorsqu'un feu apparaît du côté de l'ennemi, parce que ce feu pourrait être un signal d'attaque.

Lorsque l'ennemi abandonne une attaque, on le fait suivre par une patrouille pour savoir où il s'arrête. Cette patrouille doit prendre garde de tomber dans une embuscade. La grand'garde reprend son emplacement primitif, mais le change bientôt après.

Les grand'gardes doivent toujours être assez vigilantes *pour éviter toute surprise.* Si une grand'garde se laisse surprendre, le coupable est puni, comme celui qui quitte son poste sans motif grave. *Si, malgré toutes les précautions, une grand'garde est surprise,* les hommes qui sont à cheval se précipitent sur l'ennemi, pour donner aux camarades le temps de monter à cheval et de se préparer au combat.

10. MANIÈRE DE RELEVER LES GRAND'GARDES. — Il est prudent d'indiquer aux grand'gardes les heures où elles seront relevées, et de leur faire connaître le chef et la troupe qui les relèveront. La grand'garde montante reçoit habituellement l'ordre de se porter, *un peu avant le jour*, à quelque distance en arrière de la grand'garde descendante, afin de pouvoir la soutenir en cas d'attaque. *S'il n'y a pas d'attaque*, la nouvelle grand'garde se porte, au point du jour, après avoir mis le sabre à la main (ou porté la lance), à hauteur de l'ancienne et face à l'ennemi.

A l'approche de la grand'garde montante, la grand'garde descendante monte à cheval et met le sabre à la main ; son commandant donne à celui qui le relève *la consigne, le service des patrouilles,* et lui communique tout ce qu'il sait *sur l'ennemi et sur le terrain.*

Le commandant de la grand'garde désigne alors les vedettes et les premières patrouilles, et commande :

« PREMIERS NUMÉROS, MARCHE ! » A ce commandement, le sous-officier qui doit aller placer les vedettes s'avance avec elles à 10 pas en avant. Un sous-officier de la grand'garde descendante, qui connaît l'emplacement des vedettes et le terrain, accompagne le sous-officier de pose. Les deux commandants suivent la pose, et celui qui est relevé signale à celui qui le relève toutes les parties importantes du terrain. Ce dernier prend les notes nécessaires. et particulièrement les noms des localités.

En même temps une *patrouille,* composée d'hommes des deux grand'gardes, est envoyée le long de la ligne des vedettes et à une distance de 500 à 800 pas au-delà.

Dès que la pose et la patrouille sont parties, les deux grand'gardes remettent le sabre. Elles ne mettent pied à terre que lorsque l'ennemi n'est pas dans le voisinage. Les vedettes sont relevées avec le moins de bruit possible.

Les *nouvelles vedettes* sont établies sur l'*emplacement de jour,* lors même que les anciennes se trouveraient encore sur l'emplacement de nuit. Toutefois, le commandant de la nouvelle grand'-garde doit se faire indiquer cet emplacement pour la nuit suivante.

Lorsque la pose et la patrouille rentrent *sans rien signaler de particulier,* les deux grand'gardes mettent le sabre à la main, et l'ancienne *se retire.* A quelque distance, elle remet le sabre, et la nouvelle en fait autant.

La grand'garde descendante se dirige vers son bivouac (ou son cantonnement); en y arrivant, elle met le sabre à la main et reprend aussitôt sa place de bataille, à moins d'ordre contraire. Le commandant se présente au commandant des avant-postes et lui remet le rapport de la grand'garde montante.

Lorsque la patrouille annonce que l'on doit *s'attendre à quelque tentative de l'ennemi*, l'ancienne grand'garde reste provisoirement pour soutenir la nouvelle ; il en est de même lorsque, au moment de la pose, le soutien envoie de fortes patrouilles en avant.

Lorsque le commandant trouve mauvais l'emplacement de la nouvelle grand'garde et des vedettes, il peut y apporter *des changements*, mais il rend compte immédiatement au commandant des avant-postes en faisant connaître ses motifs.

Quelquefois la grand'garde est relevée après le *repas de midi,* afin que l'on n'ait pas de cuisine à faire à la grand'garde.

B. PENDANT LA NUIT (1).

11. Une grand'garde qui s'ÉTABLIT *pour la première fois de nuit* sur un terrain qu'elle ne connaît pas occupera très-probablement un emplacement défectueux, parce qu'elle ne peut voir le terrain. La grand'garde est *alors placée sur une route conduisant vers l'ennemi ;* elle fait le moins de bruit possible, s'entoure d'un cercle de vedettes, fait faire beaucoup de patrouilles et cherche à se

____

(1) Dans ce qui diffère de la conduite pendant le jour.

mettre en communicction avec les grand'gardes voisines. — L'emplacement est rectifié à la pointe du jour.

Toute grand'garde *change d'emplacement pour la nuit ;* mais elle attend l'obscurité, pour que son mouvement soit caché à l'ennemi. Pour la même raison, elle reprend avant le jour son emplacement de jour. — *Le changement pour la nuit* est fait dans le but de donner une plus grande sécurité en rapprochant les grand'gardes les unes des autres et du soutien, et aussi dans la crainte que l'ennemi, connaissant l'emplacement de jour, ne tente une surprise ; souvent, enfin, à cause d'un accident de terrain.

Des grand'gardes, placées pour surveiller *un défilé,* se tiennent, *pendant la nuit, aussi près que possible de cc défilé.* Des grand'gardes ne se tiennent *jamais pendant la nuit dans un bois,* où leurs mouvements seraient gênés et où l'ennemi pourrait se glisser.

La nuit, ou bien le jour par un temps de brouillard ou de neige, il est souvent nécessaire *de renforcer la ligne des vedettes et de multiplier les patrouilles.* Dans de pareils cas, le commandant des avant-postes renforce aussi les grand'gardes ou en établit de nouvelles.

Dans un terrain accidenté, les grand'gardes de cavalerie sont autant que possible remplacées la nuit par des grand'gardes d'infanterie.

Pendant la nuit, le commandant de la grand'-garde se tient toujours au poste même de la grand'-garde.

12. CONDUITE DES GRAND'GARDES. — Pendant la nuit, *un tiers seulement* des hommes peuvent *dormir* ; ces hommes doivent se coucher à quelques pas de ceux qui veillent, afin qu'il ne se produise pas de confusion en cas d'alerte. *Les hommes qui veillent* ont la bride au bras et conservent leurs places dans le rang. Vers le matin, tout le monde est sur pied, et tous les chevaux sont bridés.

Si l'ennenmi est dans le voisinage et si une surprise est possible, une moitié de la grand'garde est toujours à cheval et se tient un peu en avant et sur le côté du poste ; les autres hommes veillent ; ils ont la bride au bras et montent à cheval aussitôt que des coups de feu sont tirés sur la ligne des vedettes. Les deux moitiés se remplacent d'heure en heure.

La coiffure, la giberne et le sabre ne peuvent *jamais être quittés* pendant la nuit; le fusil est toujours au crochet.

Si la nuit est noire, ou si la mesure est jugée nécessaire, plusieurs veilleurs sont placés autour de la grand'garde, afin que personne ne puisse approcher sans qu'elle en ait connaissance.

Le commandant de la grand'garde s'efforce *d'empêcher de s'endormir* les hommes qui doivent veiller. Le meilleur moyen, c'est de les entretetenir de quelque chose d'intéressant. Il doit particulièrement faire attention à ce qu'ils ne boivent pas trop d'eau-de-vie.

Pendant la nuit, il faut être encore plus prudent que pendant le jour pour autoriser LE PASSAGE DE LA LIGNE DES AVANT-POSTES, et il est nécessaire que le commandant de la grand'garde se porte sur la ligne des vedettes dès qu'elles signalent un cas douteux.

13. ATTAQUE PAR L'ENNEMI. — *Lorsque des coups de feu sont entendus sur la ligne des vedettes*, la grand'garde monte à cheval et envoie une patrouille pour reconnaître ce qui se passe.

La nuit, des grand'gardes de cavalerie ne peuvent pas toujours se porter au devant de l'ennemi; mais le pays se prête souvent à *l'établissement d'une embuscade* d'où l'on peut tomber à l'improviste sur les flancs ou sur les derrières de l'assaillant, avec l'avantage d'opérer sur un terrain favorable et connu.

Lorsque les coups de feu se succèdent sur la ligne des vedettes, si une partie de la grand'garde peut se porter en avant, on cherche *à reconnaître les forces de l'ennemi*, afin de pas faire prendre inutilement les armes au gros sur un rapport exagéré. L'ennemi provoque parfois de semblables alertes, dans le but de fatiguer les troupes et de rendre plus efficace sa véritable attaque. Un rapport exact sur les forces de l'assaillant, etc., doit être envoyé aussitôt que possible au commandant des avant-postes.

Le terrain permet souvent que l'on se mette *à l'abri d'une surprise de nuit au moyen d'abattis*, etc.; toutefois les obstacles doivent être établis de manière à laisser à la cavalerie toute sa liberté de mouvement.

Les attaques ont habituellement lieu *un peu avant le jour*, parce que l'on compte alors sur la fatigue des vedettes. Il faut donc à ce moment redoubler de vigilance et faire beaucoup de patrouilles.

CHAPITRE XV

Des patrouilles à envoyer par les grand'gardes.

1. Les grand'gardes se protégent non seulement par des vedettes, mais encore par des patrouilles.

Le service de patrouille ne doit se faire ni aux mêmes heures, ni sur les mêmes chemins, ni avec le même nombre d'hommes, parce que l'ennemi pourrait le remarquer et enlever les patrouilles. Le service de patrouille est habituellement réglé de manière qu'une patrouille parte quand l'autre revient. Il vaut mieux augmenter le nombre des patrouilles et diminuer le temps de leur absence de la grand'garde. — Toutes les patrouilles doivent *faire le moins de bruit possible* et communiquer entre elles à voix basse, surtout celles qui sont envoyées de nuit par les grand'-gardes, etc., en terrain ennemi.

Les principes donnés au chapitre XI, pour les patrouilles, sont applicables ici. — Les patrouilles des grand'gardes sont de deux sortes : *patrouilles de visite, patrouilles de reconnaissance.*

2. Les patrouilles de visite ont pour mission de *s'assurer de la vigilance des vedettes.* Elles sont

composées d'un petit nombre d'hommes, sortent la **nuit** ou par les mauvais temps, et vont jusqu'aux vedettes des grand'gardes voisines. Elles fouillent en même temps le terrain à peu de distance en avant et en arrière de la ligne des vedettes. Le commandant de la grand'garde se joint de temps en temps à une patrouille de visite. — Quand on manque d'hommes, les poses font le service des patrouilles de visite.

3. LES PATROUILLES DE RECONNAISSANCE (1) ont pour mission de *reconnaître le terrain en avant et l'ennemi*. Elles doivent s'avancer jusqu'à ce qu'elles découvrent la ligne des postes ennemis ou bien jusqu'à ce qu'elles soient sûres que le terrain n'est pas occupé par l'ennemi, et doivent reconnaître s'il y a des points que l'ennemi peut utiliser comme embuscade, etc.

Ces patrouilles doivent être particulièrement faites quand *les vedettes ne peuvent surveiller le terrain à une assez grande distance*. Ce service se fait à différentes heures et, de plus, habituellement au point du jour.

Les patrouilles de reconnaissance sont plus ou moins fortes, selon la mission qu'elles ont à remplir. Les plus petites sont *les patrouilles volantes*. Elles s'avancent jusqu'aux vedettes ennemies, et

---

(1) Pour les patrouilles de reconnaissance et les patrouilles **volantes, voir chapitre XI, nos 2 et 3.**

même au-delà, pour se renseigner sur la position de l'ennemi ou pour surprendre les mots de passe et de ralliement.

Dans un terrain accidenté, on fait faire, autant que possible, les patrouilles de jour par les hommes qui auront à les faire pendant la nuit, afin qu'ils puissent connaître leur terrain.

Les patrouilles de visite et de reconnaissance sont employées en même temps à *entretenir la communication* des grand'gardes entre elles et avec les soutiens.

CHAPITRE XVI

Des soutiens et du gros des avant-postes.

1. Les soutiens forment la troisième ligne protectrice des troupes au repos (les vedettes forment la première, les grand'gardes la deuxième). Ils ne sont établis que suivant les besoins, et sont toujours prêts à combattre ; leur emploi est laissé habituellement au commandant des avant-postes ou bien aux autorités supérieures. Ils sont établis principalement lorsque la nuit, le mauvais temps, des opérations particulières ou des entreprises de l'ennemi obligent à *renforcer les avant-postes*, ou bien lorsque la configuration du terrain ou l'éloignement des grand'gardes du gros des avant-postes le rend nécessaire. On les désigne sous le nom général de « *piquet.* »

La cavalerie n'est employée, en principe, comme soutien que dans les positions qui lui permettent de combattre, par conséquent en terrain découvert. Les soutiens ont les armes chargées.

Ils pourvoient eux-mêmes à leur sûreté.

2. Un piquet (voir chapitre IV, n° 3) *est donc une troupe de réserve destinée à soutenir les avant-postes.*

Il reste le plus souvent pendant le jour dans son cantonnement (camp ou bivouac) et se porte la nuit, ou lorsque les circonstances l'exigent, sur un *point désigné d'où on puisse l'appeler en cas de besoin.*

L'emplacement du piquet doit être choisi d'après la mission qu'il a à remplir, par conséquent sur un terrain d'accès facile et, autant que possible, en arrière du milieu de la ligne des avant-postes qu'il peut être appelé à soutenir.

D'après sa destination, le piquet se nomme :

« SOUTIEN » OU « REPLI. »

3. UN SOUTIEN (voir chapitre IV, nº 3) est placé en arrière de la ligne des grand'gardes, sur un point qui lui permette d'appuyer *plusieurs d'entre elles* et de se porter rapidement sur les points qui lui sont désignés.

Il doit être *constamment prêt à combattre* et se tient en communication avec les grand'gardes qu'il est chargé de soutenir. Il place un veilleur et fait faire des patrouilles.

4. UN REPLI (voir chapitre IV, nº 3) *étant destiné à recueillir les grand'gardes en retraite,* doit être placé *à couvert* et, autant que possible, de manière qu'il puisse *surprendre* l'ennemi, à la poursuite des grand'gardes, par une *attaque sur ses flancs ou sur ses derrières.* Il faut en même temps que l'emplacement du repli soit choisi dans une position telle que la troupe en retraite se trouve à l'abri en y arrivant.

Des défilés, qui ne peuvent être tournés, se prêtent particulièrement à l'établissement d'un repli, parce que le terrain permet tout à la fois aux troupes poursuivies de se mettre à l'abri, et aux troupes en position d'attaquer l'ennemi.

Les replis doivent *toujours être assez prêts à com-battre pour ne jamais être surpris par l'arrivée de l'ennemi*. Ils se protégent par des patrouilles, et au besoin par quelques sentinelles.

Les grand'gardes de cavalerie sont souvent, pendant la nuit, retirées en arrière du repli, qui est alors fourni par de l'infanterie seulement.

5. *Le gros des avant-postes* forme le centre de résistance de tous les avant-postes, et en même temps la réserve qui envoie des renforts où besoin est.

Il est placé sous le commandement spécial du commandant des avant-postes, et doit se tenir auprès du point où la plus grande résistance doit être opposée, en prenant des dispositions pour pouvoir se porter dans toutes les directions.

Le gros des avant-postes bivouaque et pourvoit à sa propre sécurité par des postes. Dans un tel bivouac, on ne fait jamais de musique, et les sonneries de trompettes n'ont lieu qu'en cas d'alerte.

Le commandant des avant-postes décide si tout ou partie du gros doit rester prêt à combattre. En tout cas, la cavalerie ne peut desseller; ce n'est que par fractions, et pendant le jour, que l'on peut faire cuire les aliments, faire manger et boire les chevaux, et les seller à nouveau.

En cas d'alerte aux avant-postes, le gros se prépare au combat, se porte à la rencontre de l'ennemi si c'est nécessaire, ou bien l'attaque.

CHAPITRE XVII

DE QUELQUES OPÉRATIONS PARTICULIÈRES.

Des surprises (1).

1. Pour qu'UNE SURPRISE réussisse, il faut d'abord connaître le plus exactement possible la *situation de l'ennemi*, puis chercher à découvrir *les côtés faibles* de la position, et prendre des dispositions en conséquence, enfin agir avec promptitude et décision. Il faut en outre connaître exactement le terrain sur lequel doit avoir lieu l'opération, et particulièrement les chemins, les défilés, la ligne de retraite.

Toute surprise doit être tentée avec des forces suffisantes. La réussite dépendant surtout de la rapidité de l'exécution, il faut que l'opération soit tenue secrète le plus possible ; et d'ailleurs, si elle était divulguée trop tôt, la troupe assaillante pourrait se trouver dans une fâcheuse position.

La nuit, le brouillard, la pluie, la neige, etc., la fatigue de l'ennemi, ses mesures de sûreté mal

_____
(1) Voir chapitre IV, n° 6.

prises, et un terrain coupé, favorisent les approches de la troupe assaillante, augmentent la confusion et la surprise de l'ennemi, et rendent le succès plus probable. Si la surprise peut être faite *sur les derrières* de la position occupée par l'ennemi, celui-ci ne pourra prendre que difficilement des mesures défensives, et le succès sera d'autant plus certain. *La cavalerie est particulièrement propre aux surprises*, parce que la rapidité de ses mouvements lui permet de tomber à l'improviste sur l'ennemi.

2. Exécution. — Tout détachement chargé d'une surprise marche le plus possible à couvert et en silence. Il est divisé en plusieurs fractions, ayant chacune *une réserve* destinée à recueillir ou à soutenir au besoin la troupe qui attaque. Autant que possible, on établit aussi *un repli* sur un point convenable. — Il est bon que la surprise puisse être faite *de deux côtés à la fois*. Les deux détachements opérant ensemble doivent attaquer à un signal convenu d'avance.

La nuit est particulièrement propice aux surprises, parce qu'alors les forces de l'assaillant ne peuvent être appréciées et paraissent généralement plus considérables qu'elles ne sont. Mais il faut naturellement bien connaître le terrain, et de plus avoir un signe de reconnaissance, comme un cri, un brassard blanc, etc.

La nuit, le détachement se fait précéder d'une

pointe qui rentre dans le rang en approchant de l'ennemi. Toute la troupe se précipite sur l'ennemi, afin d'arriver sur lui, si c'est possible, en même temps qu'elle est signalée.

Des coups de feu nombreux augmentent la confusion ; cependant on agit avec le *moins de bruit possible*, si l'on croit que les coups de feu provoqueront l'arrivée de secours ennemis.

La surprise doit être une opération *rapidement achevée*. Le but atteint, on fait sonner le ralliement, et on se retire promptement, couvert par une arrière-garde.

Le but d'une surprise étant de faire à l'ennemi le plus de mal possible avec des forces relativement peu nombreuses, on doit *indiquer à chaque homme ce qu'il aura à faire*, ainsi par exemple : enclouer des canons, enlever un officier supérieur, délivrer des prisonniers, prendre une caisse militaire, etc. Les prises, etc., sont envoyées en avant, escortées par une partie de la troupe ; l'autre partie suit comme arrière-garde.

Dans une surprise, il faut tout d'abord prendre les armes ou les mettre hors de service, empêcher de seller et, dans l'artillerie, d'atteler, tuer les officiers, les trompettes, etc.

Lorsqu'on rencontre *des patrouilles ennemies*, on cherche à les éviter ou à les faire prisonnières sans bruit. On cherche à surprendre les vedettes et les postes isolés avant qu'ils ne puissent faire feu.

Quant aux postes plus importants, tels que grand'-gardes, etc., on fait en sorte que personne ne puisse s'échapper.

On doit indiquer à chaque homme *la ligne de retraite* et *le lieu de ralliement* en cas d'échec.

3. SURPRISE D'UN LIEU HABITÉ. — *Un lieu habité occupé par de l'infanterie* est difficile à surprendre par de la cavalerie; cependant, avec de l'audace, et dans l'obscurité, on a déjà vu obtenir de grands résultats.

Le détachement est divisé *en plusieurs fractions* ayant *chacune leur mission particulière.* L'une de ces fractions est chargée de la surprise proprement dite, et se divise en petits groupes, dont l'un doit tomber sur la garde, l'autre s'emparer de l'officier commandant, et un troisième empêcher l'ennemi de se réunir dans les rues. — Une deuxième fraction traverse la localité, occupe les issues pour empêcher l'ennemi de s'échapper et envoie des patrouilles pour arrêter les renforts qui pourraient arriver. — Une troisième fraction, la réserve, reste à l'entrée de la localité, porte secours où besoin est, et reçoit les prisonniers, etc. — L'officier qui dirige l'opération se porte au point le plus important, où s'exécute en réalité la surprise.

Les hommes doivent être prévenus de ne pas se séparer et de ne pénétrer qu'en nombre suffisant dans les maisons. Ils conduisent immédiatement à la réserve les prisonniers, etc.

Le plan complet de l'attaque doit être communiqué à tous les hommes.

4. SURPRISE D'UN ENNEMI EN MARCHE OU D'UN CONVOI. — La cavalerie est particulièrement propre à de telles surprises, même lorsqu'il ne peut être établi d'embuscade, parce que la rapidité de ses allures lui permet de tomber à l'improviste sur une troupe en marche. Le détachement doit chercher *à cacher sa marche* aussi longtemps que possible ; dès qu'il est aperçu, il doit se précipiter sur l'ennemi comme il a déjà été dit.

Le choix d'un terrain favorable pour le moment de l'attaque est de la plus grande importance. Les dispositions doivent être prises pour tomber avec toutes ses forces *sur les points les plus faibles.* Il est bon aussi que l'attaque ait lieu sur plusieurs points à la fois ; ainsi, par exemple : sur la *tête* ou sur la *queue,* et en même temps sur *l'un des flancs.*

On doit chercher à séparer les unes des autres *des troupes en marche,* et à les empêcher de se déployer.

Dans l'attaque d'un convoi, une partie de la troupe tombe sur l'escorte; l'autre partie sabre les conducteurs ou les empêche de dételer et de fuir avec les chevaux. Les voitures dont les chargements ont le plus de valeur sont rapidement emmenées ; leurs attelages sont doublés. Ce qui ne peut être emmené est détruit.

Une partie du détachement, *la réserve*, reste compacte pour se porter à la rencontre des renforts ennemis qui pourraient arriver, et aussi pour venir en aide où cela est nécessaire.

Lorsque le convoi est *parqué* et défendu par de l'infanterie, la cavalerie peut difficilement l'attaquer avec succès et doit attendre que la colonne se soit remise en marche.

Si le détachement est plus faible que l'escorte, il attaque en sortant d'une embuscade, au moment, par exemple, où le convoi engagé dans un défilé l'a déjà franchi en partie. On n'a alors affaire qu'à la partie de l'escorte qui marche en tête ou en queue. On peut facilement barrer le défilé par une voiture pour empêcher les secours d'arriver, et enlever ou détruire tout ce qui se trouve en deçà.

Les guerres offrent de nombreux exemples de ces opérations, où de petits détachements ont obtenu de grands résultats. Mais il faut un chef entreprenant, de l'audace dans la décision, des hommes solides et de bons chevaux. « La fortune couronne l'audace ! »

CHAPITRE XVIII

Des cachettes ou embuscades (1).

1. On nomme CACHETTE une position où des troupes, cachées par des accidents de terrain, sont difficiles à découvrir et peuvent ainsi surprendre des troupes en marche, etc. — On nomme *embuscade* la cachette que l'on occupe lorsque, ayant déjà eu affaire avec l'ennemi, on veut le surprendre et l'arrêter dans sa poursuite. Cependant on emploie indifféremment ces deux termes.

Le but d'une embuscade est donc de *surprendre* des troupes ou des convois arrêtés ou en marche.

2. EXÉCUTION. — Le chef doit *connaître exactement le terrain*, et particulièrement le point où doit être établie l'embuscade. Ce point est choisi de telle sorte que la troupe à surprendre soit forcée de passer à proximité, que la troupe embusquée soit bien cachée, qu'elle puisse sans difficulté se déployer pour combattre, et que sa ligne de retraite soit aussi facile que possible.

Le terrain favorable à une embuscade doit donc

____

(1) Voir chapitre IV, n° 6.

être choisi avec soin ; tous les ravins et tous les bois ne conviennent pas également. Il est avantageux d'établir l'embuscade *dans le voisinage d'un défilé* que l'ennemi doit franchir, parce qu'alors il lui est *impossible* ou *difficile* de *prendre des dispositions de combat.* Les meilleures positions sont celles qui ne présentent rien de particulier et qui, par conséquent, n'attirent pas l'attention de l'ennemi.

L'obscurité, le brouillard ou le mauvais temps favorisent l'opération. Celle-ci, ainsi que la marche pour aller à l'embuscade, doit être tenue tout à fait *secrète*, et l'on se conforme aux règles tracées pour les marches dérobées. On évite donc les lieux habités et les grandes routes ; on garde les habitants qui remarquent la marche ou l'embuscade ; on fait en sorte de ne laisser aucunes traces de son passage, ou on les fait disparaître avec soin. Si le point à atteindre est éloigné, on marche pendant la nuit, et on se repose pendant le jour dans des endroits cachés. On n'emmène pas de chevaux qui hennissent. On emporte avec soi vivres et fourrages.

Le détachement se garde par une ou plusieurs sentinelles, qui sont cachées pendant le jour, mais de manière à pouvoir découvrir de loin l'approche de l'ennemi. Pendant la nuit, elles doivent se laisser guider par l'ouïe.

Dans l'embuscade, on observe le plus grand silence, et l'on reste caché jusqu'au moment de l'attaque ; alors, à un signal donné, *tous se précipitent avec impétuosité sur l'ennemi.*

Dès que l'opération est terminée, le détachement *se retire rapidement.* On doit désigner un *point de ralliement* pour le cas d'insuccès. Si l'ennemi arrive en force ou s'il a découvert l'embuscade, on bat promptement *en retraite.*

CHAPITRE XIX

Des escortes (1).

1. UNE ESCORTE est une troupe chargée d'accompagner, de garder ou de protéger. Il y a les escortes *pour les personnes :* escortes d'honneur, de courriers, de prisonniers, de blessés, etc.; — les escortes *pour les chevaux* ou *les bestiaux,* ainsi que pour les *vivres* et les *munitions de guerre* de toute sorte. — Tout chef d'escorte doit chercher à avoir les *renseignements les plus exacts* sur le chemin à suivre et sur l'ennemi, et à se procurer des émissaires sûrs.

2. LES ESCORTES D'HONNEUR ET LES ESCORTES DE COURRIERS sont toujours fournies par la cavalerie et règlent leur marche, suivant que les personnes escortées doivent arriver, dans un temps plus ou moins court, au but du voyage. En campagne, le but principal de l'escorte étant de garantir la sûreté de ces personnes, elle prend ses mesures en conséquence.

3. ESCORTE DE PRISONNIERS. — Avant le départ,

(1) Voir chapitre IV, n° 6.

les prisonniers sont prévenus que toute tentative de résistance de leur part, pendant la route, sera *réprimée avec la dernière rigueur*. Plus l'escorte est faible, plus la répression doit être rigoureuse. — L'escorte charge ses armes en présence des prisonniers.

Les prisonniers sont rangés en ordre et formés en pelotons et sections. Chaque section a un chef particulier. Ils marchent par deux ou par trois. Personne ne peut quitter les rangs. Il est fait usage de l'arme à feu ou de l'arme blanche contre celui qui enfreint cet ordre, résiste ou veut fuir.

L'escorte a une avant-garde, une arrière-garde et des flanqueurs. *Le gros de la troupe* marche au centre de tout le convoi. Des cavaliers isolés marchent sur les flancs, afin que les prisonniers soient toujours surveillés de très-près.

Les prisonniers sont traités avec bienveillance tant qu'ils *se tiennent tranquilles*, mais ils ne peuvent causer entre eux. On pourvoit à leurs besoins autant qu'on le peut. Les malades sont traités avec ménagement, mais toujours surveillés. En présence de résistance ou même d'indices d'un *complot*, les meneurs sont mis à part et soumis à la plus étroite surveillance. La résolution et la vigueur sont absolument nécessaires en pareil cas.

Pour *le repos*, pendant la marche, on choisit toujours un terrain découvert, mais jamais dans le voisinage de bâtiments, de bois, de grands blés, etc.

Un convoi de prisonniers ne *passe la nuit* que
dans des localités contenant de grands bâtiments,
où les prisonniers peuvent être enfermés en toute
sûreté. Ces bâtiments sont gardés avec soin et
éclairés à l'intérieur par des lanternes. Les sentinelles postées à l'intérieur observent la plus grande
vigilance. Une porte seule reste ouverte, et une
garde y est placée. Le reste de l'escorte est réparti,
selon les circonstances, dans les maisons qui entourent le bâtiment.

Si le convoi est attaqué par l'ennemi, les pelotons
doivent se séparer les uns des autres, et les prisonniers se coucher à terre. Une partie de l'escorte
reste auprès d'eux et menace de faire feu sur qui-
conque se relève ; l'autre partie se porte à la rencontre de l'ennemi.

4. ESCORTE D'UN CONVOI. — Les règles générales pour l'escorte d'un convoi sont les mêmes,
qu'il s'agisse de voitures de munitions de guerre,
de blessés, ou bien de chevaux ou bestiaux.

Une partie de l'escorte, la moitié environ, est
employée au *service de sûreté*. On place à l'avant-
garde des hommes capables de réparer les chemins,
les ponts, etc.

Une autre partie reste réunie auprès du convoi,
et marche dans la colonne sur le point le plus
exposé aux attaques de l'ennemi. Elle marche de
préférence au milieu de la colonne lorsque l'ennemi peut se présenter sur tous les points et que

le terrain est découvert, et par moitié en tête et en queue du convoi lorsque le terrain est accidenté. Les grands convois sont formés en sections ayant chacune un chef particulier.

Il est important de rendre le convoi *le moins long possible*, et, dans ce but, s'il est composé de voitures, de les faire marcher par deux quand la route le permet. Une voiture à deux chevaux mesure 11 pas de longueur environ, une voiture à quatre chevaux 16 pas, et une voiture à six chevaux 20 pas. Les voitures ne doivent avoir entre elles que quelques pas de distance. Elles marchent constamment dans le même ordre et, à cet effet, portent chacune un numéro.

Les chevaux de remonte ou de main, qui marchent avec le convoi, sont placés en queue des voitures, afin qu'ils ne défoncent pas la route. Ils sont placés en tête si la route est assez résistante pour que l'on n'ait pas à craindre qu'ils puissent la défoncer.

Si l'itinéraire n'a pas été fixé, on choisit, dans le voisinage de l'ennemi, la route *la plus praticable et la plus cachée*. La meilleure est celle qui est séparée de l'ennemi par un obstacle de terrain, tel que cours d'eau, fossés profonds, marais, etc.

De chaque côté de la colonne marchent des cavaliers isolés pour maintenir l'*ordre*, et particulièrement pour surveiller les conducteurs. Chaque cavalier a sous sa surveillance un nombre déterminé de voitures.

Les voitures dont le chargement a le plus de valeur sont placées dans la colonne, à l'endroit le moins exposé ; si tous les points sont également exposés, elles sont placées au milieu de la colonne. Il faut bien se garder *de trop charger* une voiture. S'il arrive accident à l'une d'elles, on la fait sortir de la colonne, et on la répare sur le champ. Si elle ne peut être réparée, son chargement est placé sur des voitures vides de réserve, ou bien est réparti sur les autres voitures.

Pour faire manger les chevaux, les voitures sont formées par sections. — *Pour passer la nuit*, on se place en arrière d'un terrain accidenté ou bien sur un terrain facile à occuper. L'escorte s'établit comme *grand'garde avec des vedettes*. Les voitures sont formées en *parc*. A cet effet, on la place sur deux rangs éloignés de 20 à 30 pas l'un de l'autre, roue contre roue, timons et chevaux en dedans ; les extrémités sont également fermées par des voitures.

Si, pendant la marche, l'ennemi se montre en assez petit nombre pour que l'escorte puisse espérer le chasser, la cavalerie de l'escorte se porte tout entière au-devant de lui. Elle cherche au moins à le maintenir loin du convoi qui, selon les circonstances, accélère sa marche ou forme le parc. Si l'escorte est repoussée, elle se réfugie dans l'intérieur du parc et cherche à en éloigner l'ennemi par son feu. Une escorte d'infanterie reste toujours auprès du convoi et défend le parc.

Si l'ennemi se montre en forces supérieures, et si l'on ne peut compter être secouru, les voitures doivent, à temps, prendre une autre direction, si c'est possible. Sinon le parc est formé et défendu énergiquement. Si l'on reconnaît que la défense est impossible et que le convoi ne peut être sauvé, on abandonne aussitôt quelques voitures, dans l'espoir que l'ennemi s'arrêtera pour les piller et que le reste du convoi pourra s'échapper pendant ce temps. Si ce moyen ne réussit pas non plus, on détruit tout ce que l'on peut, et l'on cherche à sauver les chevaux.

CHAPITRE XX

Des réquisitions et des fourrages.

1. EN GÉNÉRAL. — En campagne, les troupes sont entretenues soit par les magasins de l'armée, soit par les habitants du pays frappés de réquisitions. — Si en pays ennemi on ne peut avoir recours à ces moyens, on fait fourrager les troupes.

Faire un fourrage, c'est *en général se procurer la nourriture pour les chevaux et les vivres pour les hommes.* Un fourrage au sec est celui où les objets nécessaires sont réunis dans les localités ; un fourrage au sec est aussi nommé *une réquisition. Un fourrage au vert* est celui où les grains et fourrages nécessaires sont récoltés sur pied.

2. FOURRAGE AU SEC OU RÉQUISITION. — Le chef du détachement reçoit l'ordre indiquant le lieu où le fourrage doit être fait et les quantités de vivres, fourrages, etc., à rapporter. Le détachement est divisé en *deux parties :* l'une chargée de protéger le fourrage, et l'autre de l'exécuter.

La première partie se conforme à ce qui est prescrit pour l'occupation d'une localité ou d'un terrain devant l'ennemi, et prend ses-dispositions pour que les fourrageurs ne soient pas troublés pendant leur opération. On établit, dans ce but, des grand'gardes, des vedettes, et *on fait faire des patrouilles ; si le pays est plat, on poste des sentinelles dans les clochers, sur les hauteurs, etc. Les patrouilles ne doivent pas se porter trop au loin, parce qu'elles pourraient attirer l'attention de l'ennemi. Si le fourrage se fait en dedans de la ligne des avant-postes, ceux-ci peuvent alors, selon les circonstances, être chargés de le protéger.

La troupe chargée de protéger un fourrage doit veiller à ce que, pendant l'opération, personne ne sorte de la localité sous quelque prétexte que ce soit. Il est important que le fourrage *soit fait pendant le jour*. C'est pourquoi on prend ses mesures pour le commencer au point du jour. Le commandant présente son ordre au premier magistrat municipal et fixe, avec fermeté et résolution, le lieu et l'heure où devront être amenés les objets exigés, avec les moyens de transport nécessaires. Il le menace en même temps, si l'opération ne commence pas immédiatement, ou bien si elle n'est pas faite conformément aux ordres donnés, d'envoyer ses hommes dans les maisons et dans les granges prendre eux-mêmes ce qui est nécessaire.

On doit avoir recours à ce dernier moyen seulement en cas d'absolue nécessité, et veiller à ce qu'il *ne soit commis aucun dégât et ne soit rien pris que ce qui est indiqué sur l'ordre.* Il est bon, pour assurer le succès de l'opération, de prendre comme otage un notable de la localité, mais jamais le premier magistrat municipal ou toute personne dont la coopération est nécessaire.

Le chef du détachement reste, avec le trompette et une partie des fourrageurs, sur une place ayant plusieurs débouchés, pour recevoir les denrées et veiller à leur chargement. — Au signal de ralliement, tous les fourrageurs se réunissent sur le point désigné, que le fourrage soit terminé ou non.

Quand tout est exactement livré, il est donné un reçu.

Si la localité ne peut fournir que des voitures et des harnais *sans chevaux,* on attelle ceux des cavaliers (1). Il ne faut pas oublier de faire graisser les roues des voitures. Si la localité ne peut pas fournir de voitures, les vivres sont apportés par les habitants dans des sacs, des paniers, etc., et le tout est porté par les chevaux des cavaliers.

Un cheval peut porter, outre son paquetage, 100 kilogrammes ; le cavalier va alors à pied. *Une voiture* peut être chargée de 400 à 600 kilog. par cheval. Les fourrages sont liés en bottes de 20 à

____

(1) Voir chapitre **XXIII**, n° **4**, remarque.

25 kilog., et quatre de ces bottes, réunies entre elles par la corde à fourrages, sont placées sur chaque cheval.

Si la localité a été abandonnée par ses habitants, une partie des fourrageurs va, dans les grandes fermes, chercher les denrées nécessaires. Les excès de tout genre sont sévèrement défendus. Ce qui est trouvé est immédiatement apporté au lieu de rassemblement.

Si l'ennemi se présente, il faut le contenir autant que possible jusqu'à ce que les voitures chargées (ou les chevaux) soient parties. L'escorte suit en formant l'arrière-garde.

3. FOURRAGE AU VERT. — Le détachement désigné pour cette opération se porte à la place indiquée avec faux, faucilles, cordes, etc. On compte un homme pour tenir de six à dix chevaux, deux botteleurs pour un faucheur et un botteleur pour un faucilleur. Les faucheurs sont placés à l'une des extrémités du champ et les faucilleurs à l'autre. *Les bottes* sont de 5 kilog. et réunies par cinq ou six. Les chevaux sont aussitôt chargés, et l'on veille à ce que la charge soit faite avec solidité et avec ordre.

Autant que possible, un fourrage au vert ne se fait pas de trop bonne heure, parce qu'alors les plantes sont mouillées.

L'escorte d'un fourrage au vert prend ses dispositions pour que l'opération puisse être menée à bonne fin. Les fourrageurs restent armés, quand l'ennemi est dans le voisinage. *En cas d'attaque,* ils doivent ne pas abandonner trop vite leur opération.

On se conforme, du reste, pour un fourrage au vert, à toutes les règles prescrites pour un fourrage au sec.

CHAPITRE XXI

DU COMBAT.

Des tirailleurs.

1. LES TIRAILLEURS ONT POUR BUT principal d'observer l'ennemi, de repousser les attaques d'hommes isolés et de couvrir le mouvement des troupes.

2. DÉPLOIEMENT DES TIRAILLEURS. — Dans un escadron, c'est, à moins d'ordres contraires, le 4e peloton qui se déploie en tirailleurs.

A la sonnerie (ou au commandement) : « TIRAIL-LEURS EN AVANT ! » le chef de peloton commande, quand l'escadron est en bataille :

« QUATRIÈME PELOTON AU TROT ! » — PELOTON DEMI A DROITE, MARCHE ! »

Devant le centre de l'escadron :

« EN AVANT ! » et le peloton étant arrivé à 150 ou 200 pas de l'escadron :

« HALTE ! »

Alors, à moins d'ordres contraires, les quatre files de gauche remettent le sabre (ou reposent la lance), et au commandement du chef de peloton :

« TIRAILLEURS EN AVANT ! »

Elles se portent au galop à 100 pas du peloton

en faisant haut la carabine (ou le pistolet) et s'é-
tendent de manière à déborder un peu les deux
ailes de l'escadron. Les hommes du deuxième rang
se placent à la gauche et à hauteur de leurs chefs
de file. Les tirailleurs commencent le feu sans dif-
férer. Un trompette marche à la droite du peloton
de tirailleurs. Le maréchal-des-logis-chef se place
derrière le 3e peloton.

Le sous-officier de l'aile gauche se porte en avant
avec les tirailleurs. Il les commande, se tient à
20 pas environ en arrière du centre de leur ligne
et les dirige à la voix ; cependant il peut se porter
où cela est nécessaire.

Si l'escadron marche en bataille en avant, le peloton et les tirailleurs se portent en avant comme
il est dit précédemment, mais en doublant l'allure.

Si l'escadron marche en bataille en retraite, à la
sonnerie (ou au commandement) *tirailleurs en
avant,* le chef de peloton commande :

« QUATRIÈME PELOTON, HALTE ! »

Et, dès qu'il a l'espace nécessaire :

« PELOTON DEMI-TOUR A GAUCHE, AU TROT ! »

On se conforme ensuite à ce qui est prescrit ci-
dessus.

*Si l'escadron est ou marche en colonne par pelo-
tons, la gauche en tête,* le 4e peloton se porte droit
devant lui.

*Si l'escadron est en colonne par pelotons la droite
en tête,* le 4e peloton sort de la colonne par un

à gauche si elle est arrêtée, par un *demi à gauche* si elle est en marche, et gagne en dehors le front d'un peloton, puis il se porte au trot ou au galop à la distance nécessaire.

Si la colonne marche en retraite la gauche en tête, le 4ᵉ peloton exécute un demi-tour à gauche ; *si elle marche la droite en tête,* il exécute un demi-tour à droite. Dans les deux cas, il se porte au trot à la distance nécessaire.

Si le commandant de l'escadron fait sonner : « Tirailleurs en avant ! » lorsque le 4ᵉ peloton est sorti de la colonne, les files de tirailleurs remettent le sabre, font haut le fusil (ou le pistolet) et exécutent leur déploiement. Le reste du peloton se porte vis-à-vis le centre de l'escadron et forme la réserve.

Tout autre peloton que le 4ᵉ, envoyé en tirailleurs, se conforme aux mêmes prescriptions. Si c'est un des pelotons du centre, le commandant de l'escadron fait appuyer pour réunir les trois pelotons qui restent. A la sonnerie du ralliement (appel), les 1ᵉʳ et 2ᵉ pelotons se retirent par un demi-tour à droite, les 3ᵉ et 4ᵉ par un demi-tour à gauche. Les tirailleurs se retirent toujours par un demi-tour à gauche.

On peut au besoin *doubler le nombre des tirailleurs,* et même *déployer tout le peloton en tirailleurs,* mais dans ce cas on envoie un autre peloton comme troupe de soutien.

3. **Remplacement des tirailleurs.** — Le remplacement des tirailleurs doit se faire de temps en temps sur l'ordre du chef de peloton et sans aucune sonnerie. Les quatre files de gauche, qui se déploient à leur tour en tirailleurs, se portent en avant au trot et se conforment à ce qui est prescrit pour les quatre files qui se sont déployées les premières en tirailleurs. Chaque homme se dirige vers celui qu'il doit remplacer, se place à ses côtés et commence aussitôt son service de tirailleur. Les hommes remplacés vont au trot reprendre leurs places dans le peloton, en replaçant la carabine (ou le pistolet) et mettant le sabre à la main.

4. **Pour faire rentrer les tirailleurs,** le commandant de l'escadron fait exécuter la sonnerie du ralliement (appel), que répète le trompette du peloton de tirailleurs. A cette sonnerie, les tirailleurs font demi-tour à gauche, replacent la carabine (ou le pistolet), mettent le sabre à la main (ou portent la lance), parent au besoin en arrière et se dirigent au grand galop vers leur peloton. Celui-ci, sans les attendre, fait un demi-tour à gauche, au trot, et va reprendre, par le chemin le plus court, sa place dans l'escadron par un second demi-tour à gauche. *Si l'escadron s'est porté en avant,* il se joint à lui. *Si l'escadron se porte en arrière* avant que le peloton ne l'ait rallié, celui-ci le rejoint en doublant l'allure au besoin. *Si l'escadron se porte en arrière, étant formé en*

colonne, le 4e peloton, à la sonnerie du ralliement, se porte à la queue de la colonne, et reprend sa place de bataille lorsque l'escadron se déploie.

5. LA CONDUITE DES TIRAILLEURS. — Les deux hommes d'une file *se soutiennent mutuellement ;* aussi, l'un des deux a-t-il habituellement son arme chargée pour pouvoir protéger son camarade. Cependant, ni l'un ni l'autre ne doivent, pour cela, perdre une occasion favorable de faire feu ou de se porter au secours d'un camarade en danger. Il peut même arriver que tout le peloton se précipite pour secourir un des siens.

Les tirailleurs, devant toujours faire feu avec calme et sur un *but bien déterminé,* s'arrêtent pour mettre en joue et tirer ; ceux qui sont armés de la carabine peuvent même mettre pied à terre.

Pour ne présenter qu'un but incertain à l'ennemi, ils ne restent jamais à la même place — même lorsqu'ils chargent leur arme — et décrivent une serpentine en forme de 8 couché ∞. Les hommes commencent ce ∞ en partant du centre, par le demi-tour à droite lorsqu'ils sont armés de la carabine, et par le demi-tour à gauche lorsqu'ils sont armés du pistolet, le visage toujours tourné vers l'ennemi.

Des tirailleurs — principalement le sous-officier — doivent être *mobiles au plus haut degré,* sans fatiguer inutilement les chevaux, observer dans toutes les directions, profiter des fautes de l'en-

nemi, mais *sans perdre de vue leur véritable but,
qui est de couvrir l'escadron ;* ils ont donc à faire
attention à tous les mouvements, signaux et sonneries de l'ennemi. Le chef du peloton des tirailleurs
conforme ses mouvements à ceux de l'escadron.

Le tirailleur doit mettre souvent en joue son
adversaire pour provoquer son feu, se rapprocher
alors et faire feu sur lui. Il vise de préférence le
cavalier à la ceinture, afin de toucher au moins le
cheval.

Les tirailleurs marchant en *retraite* doivent rester calmes, ne pas craindre d'être coupés, et saisir
toute occasion de faire subir des pertes à l'ennemi
en profitant des accidents de terrain, bâtiments, etc.
En se retirant, ils évitent de suivre une ligne
droite, tournent la tête vers l'ennemi pour l'observer, font souvent volte-face et se précipitent sur lui.

Les tirailleurs doivent démasquer rapidement
l'artillerie quand elle se met en batterie, ou bien
leur escadron quand il se porte en avant *pour charger,* et, dans ce cas, se joindre à lui.

Le chef de peloton fait sonner « CESSEZ LE FEU ! »
quand les tirailleurs sont hors de portée du feu de
l'ennemi ; ils cessent alors de tirer et s'arrêtent,
face à l'ennemi, si toutefois la troupe de soutien
s'arrête. La sonnerie « COMMENCEZ LE FEU ! » est
faite dès que les tirailleurs se retrouvent à portée
du feu de l'ennemi ; ils se remettent alors en mouvement et se conforment aux sonneries.

Si l'on a marché longtemps avec le pistolet chargé, on rebourre avant de faire feu, en ayant soin d'abord d'enlever la capsule et de mettre le chien à l'abattu.

Les tirailleurs ont toujours la carabine (ou le pistolet) armée. A la sonnerie « CESSEZ LE FEU ! » l'arme est mise au cran de sûreté. A la sonnerie du « RALLIEMENT ! » ils mettent aussi la carabine ou le pistolet au cran de sûreté avant de les replacer. *Lorsqu'un défilé situé en avant doit être franchi,* les deux tirailleurs les plus rapprochés de l'entrée de ce défilé s'y engagent les premiers ; ils sont suivis par le sous-officier, puis par les autres tirailleurs. *Lorsqu'un défilé situé en arrière doit être franchi,* les tirailleurs des deux ailes s'y engagent les premiers ; le sous-officier et les tirailleurs du centre le passent les derniers. Le peloton des tirailleurs fait face à l'ennemi pendant que l'escadron se retire.

Des cavaliers ne doivent jamais engager un combat de tirailleurs avec des fantassins, parce qu'ils présentent un but trop grand à ces derniers et qu'ils peuvent moins facilement qu'eux se couvrir derrière des accidents de terrain. Ils se tiennent donc hors de la portée des coups de feu des tirailleurs, les observent seulement et attendent l'occasion de les charger. C'est par une charge de flanc que l'on arrive le plus sûrement à balayer une ligne de tirailleurs.

L'occasion se présente quelquefois au peloton de

tirailleurs de *charger de l'artillerie*. Alors les tirailleurs se joignent au reste du peloton pour cette charge qui doit être poussée avec toute la rapidité possible. C'est aussi par une charge de flanc que l'on attaque avec le plus de chances de succès l'artillerie. On sabre les servants ; si l'on ne réussit pas et si l'on ne peut emmener les pièces, on coupe les traits et on met les chevaux hors de service.

6. Pour le service des tirailleurs dans le régiment et dans la brigade, voir le réglement de 1855, sur les manœuvres, 2ᵉ partie, §§ 63 et 84.

CHAPITRE XXII

Du combat à pied (1).

1. DANS QUEL CAS IL EST EMPLOYÉ. — L'attaque
à l'arme blanche est la manière de combattre particulière à la cavalerie ; cependant, il peut arriver
qu'elle soit forcée d'employer une partie de sa
troupe à combattre à pied avec l'arme à feu. Ainsi,
par exemple, si, *en l'absence de troupes d'infanterie,
il paraît nécessaire de faire usage de l'arme à feu
pour occuper ou pour défendre un défilé.* La cavalerie légère doit donc être exercée à cette manière
de combattre. On fait mettre pied à terre, parce
que le cavalier à pied tire mieux et s'abrite plus
facilement derrière un accident de terrain. Dans
tous les cas, une partie seulement de la troupe est
désignée pour le combat à pied; l'autre partie reste
à cheval et se tient prête à charger pour protéger
les camarades qui ont mis pied à terre.

2. METTRE PIED A TERRE ET MARCHER. — Le
commandant de l'escadron fait l'avertissement :

(1) Voir le réglement sur les manœuvres de la cavalerie,
2ᵉ partie, § 35.

« Tel peloton pied a terre pour combattre
a pied ! »

Le chef de peloton commande :

« Tel peloton, remettez le sabre ! »

« Préparez-vous pour mettre pied a terre,
pour combattre a pied ! »

A ce commandement, les n°s 1 et 2 (quand on
s'est compté par trois) se portent en avant comme
d'habitude, se préparent à mettre pied à terre et
passent la carabine (qui était au crochet) par dessus l'épaule gauche, la crosse en avant et en haut,
la bouche du canon en bas, derrière le dos. Les
n°s 3 des deux rangs ne se préparent pas à mettre
pied à terre.

« Pied a terre ! »

A ce commandement, les n°s 1 et 2 mettent pied
à terre et, imprimant à la carabine un mouvement
avec l'épaule gauche, ils la saisissent en même
temps avec la main droite qui la remet au crochet.

Ils mettent ensuite le sabre au crochet, la coquille en avant, et passent les rênes par dessus
l'encolure. Le n° 1 passe ses rênes entre les rênes
de filet et l'encolure du cheval du n° 2, et tous
les deux donnent leurs rênes au n° 3. Des numéros
désignés tiennent les chevaux du chef de peloton,
des sous-officiers et du trompette lorsque, selon les
circonstances, ils mettent pied à terre. Si l'on a
rompu par deux, les n°s 2 se conforment à ce qui
vient d'être dit pour les n°s 3.

Un sous-officier de serre-file reste avec les chevaux haut le pied. Ceux-ci se tiennent, quand cela est possible, derrière la fraction restée à cheval qui se met à l'abri des feux de l'ennemi, mais assez près pour pouvoir en temps utile venir soutenir les hommes à pied.

Les hommes qui ont mis pied à terre se forment sur un rang à 6 pas en avant de l'escadron (ceux du second rang à la gauche de leurs chefs de file); ils font haut la carabine et la placent à la hanche droite.

Lorsque les hommes sont prêts, le chef de peloton leur montre le point à occuper ou à attaquer et commande :

« Pour le combat a pied, en avant marche! »

En marchant, les hommes saisissent l'arme avec la main droite, en s'aidant de la main gauche, les quatre doigts placés sous la plaque de couche, le pouce sur le côté de l'écusson, en avant de la crosse, la main gauche abandonnant alors la carabine qui tombe sur l'avant-bras, la platine auprès et au-delà de la saignée.

3. Conduite ultérieure des hommes a pied. — Les deux hommes *de chaque file se prêtent un mutuel appui* et se conforment à ce qui est prescrit pour les tirailleurs. Suivant la conformation du terrain, ils marchent à la même hauteur ou en file. Celui qui fait feu doit se trouver devant dans la marche en avant, derrière dans la marche en

retraite, et changer de place dès que le coup est parti. En terrain découvert, les hommes doivent conserver un certain alignement ; en terrain coupé, ils doivent rester en communication, et pour cela chaque file doit toujours voir les files voisines.

Les hommes doivent chercher à se placer derrière tout endroit abrité, même s'il se trouve un peu en avant de la ligne, non seulement pour y être moins exposés, mais encore pour se rapprocher de l'ennemi sans se faire voir et le frapper plus sûrement. Les hommes doivent être exercés à profiter de ces abris, tels que : arbres, fossés, haies, maisons, murs, etc., légères aspérités du sol, pour se couvrir et appuyer leur arme ; ils doivent aussi être exercés à charger rapidement et à tirer couchés et à genoux.

Il est très-important de viser avec calme et de bien apprécier les distances. On vise de préférence les officiers ennemis.

Si le combat devient une mêlée, chacun met le sabre à la main. Les tirailleurs ne courent habituellement que pour franchir une petite distance ou bien un terrain découvert battu par le feu de l'ennemi.

Le chef du peloton donne ses ordres, lorsque la ligne des tirailleurs doit être étendue, renforcée ou diminuée. Il y a tout avantage à étendre cette ligne, lorsque l'on arrive à fournir des feux de flanc contre l'ennemi.

Les sonneries « MARCHE, HALTE, DEMI-TOUR, FACE EN TÊTE, COMMENCEZ LE FEU, CESSEZ LE FEU, RALLIEMENT ! » sont également faites pour les hommes à pied. A la sonnerie « HALTE ! » ils mettent la carabine à la hanche.

Les officiers et les sous-officiers se tiennent derrière la ligne et dirigent les hommes. Quand les circonstances le permettent, ils restent à cheval afin de mieux voir.

4. LE REMPLACEMENT ET LA SONNERIE DU RALLIEMENT. — Au commandement : « TEL PELOTON, A VOS CHEVAUX ! » les hommes désignés se retirent à un pas accéléré, mais sans courir; ceux qui restent bouchent les vides. Lorsque toute la ligne doit être remplacée, elle ne se retire pas avant que la nouvelle ligne soit formée.

A la sonnerie : « RALLIEMENT ! » ou au commandement : « A VOS CHEVAUX ! » les hommes à pied courent rapidement vers leurs chevaux, mais en évitant de les effrayer par le bruit ; ils leur sont amenés autant que possible. Les hommes montent promptement à cheval, après avoir passé la carabine par dessus l'épaule pour la mettre au crochet et décroché le sabre.

La troupe qui n'a pas mis pied à terre se tient prête à la protéger, pendant qu'ils montent à cheval.

CHAPITRE XXIII

De la charge.

> « La cavalerie prussienne doit toujours attaquer l'ennemi, et ne jamais se laisser attaquer. »
>
> FRÉDÉRIC-LE-GRAND.

1. CONSIDÉRATIONS GÉNÉRALES. — *La cavalerie, quand elle attaque ou charge, est dans son véritable élément.* C'est dans le mouvement en avant et dans l'attaque qu'elle prend une force et une puissance irrésistibles. Elle perd tous ses avantages si elle se laisse attaquer ; elle se fait même battre si elle ne se porte avec audace et impétuosité à la rencontre de l'ennemi ; une masse de cavalerie, lancée à toute vitesse, doit sous son choc froudroyant renverser tout sur son passage.

Lorsque le cavalier est lancé à une allure vive, sa confiance en lui-même grandit : *il sent que rien ne peut l'arrêter,* et lorsqu'il arrive sur l'ennemi, il foule aux pieds, sabre et pointe tous ceux qui résistent encore. *Le succès dépend entièrement du cavalier,* puisque c'est sa volonté et sa confiance en lui-même qui font sa force.

Avec la volonté des cavaliers, il faut, pour qu'une

charge réussisse, avoir des chevaux solides et agiles, et des hommes exercés au maniement de l'arme blanche. Une ligne de cavalerie réussit d'autant mieux *à mettre l'ennemi en désordre* et à lui enlever toute force de résistance, qu'elle l'aborde avec plus d'impétuosité.

Dès que l'ennemi est en désordre, il faut chercher à l'anéantir, et l'on y parvient d'autant plus promptement que le cavalier est plus habile à manier son arme.

Rien n'importe plus dans une charge que de maintenir l'ordre et la cohésion dans les rangs, d'empêcher, en un mot, qu'il se produise des vides dans la ligne. Les hommes doivent se précipiter sur l'ennemi en restant botte à botte, et en conservant la direction générale.

C'est dans les derniers moments surtout qu'il importe de conserver l'ordre dans les rangs, parce qu'il peut être plus facilement troublé par l'accélération de l'allure, et peut-être par les projectiles ennemis. Une ligne qui se désunit dans l'attaque perd une partie de ses chances de succès, parce que l'ennemi peut profiter de cette faute pour disperser complètement la ligne.

Si l'on en vient à la mêlée, au combat individuel, le cavalier doit se conduire avec calme et sang-froid, et mettre toute sa confiance dans son adresse à se servir de ses armes et dans l'agilité **de son cheval.**

Un cavalier qui voit l'étendard, un officier ou un camarade en danger, affronte tout péril pour voler à leur secours.

Les meilleures armes dans une mêlée sont la latte et le sabre. La lame doit être bien aiguisée, et le cavalier ne peut risquer de la détériorer en l'employant à tout autre service que celui auquel elle est destinée.

La lance est d'un maniement difficile ; lorsqu'on s'en sert avec habileté, elle produit un grand effet, car un coup de pointe suffit pour mettre un adversaire hors de combat ou pour le tuer. La pointe doit être également bien affilée. Dans la charge, elle pénètre facilement dans le corps de l'adversaire, plus profondément même qu'on ne le voudrait, car on éprouve souvent des difficultés à la retirer. On remédie à cet inconvénient au moyen de la flamme de lance ou d'un bouton de cuir que l'on fixe à peu de distance de la pointe. Le uhlan qui perd sa lance met le sabre à la main jusqu'à ce qu'il en retrouve une autre.

Dans un combat individuel, le uhlan doit prendre garde que son adversaire n'arrive trop près de lui, en passant sous la lance, qui ne pourrait plus alors lui servir. Dans ce cas, il exécuterait des parades en imprimant à sa lance un mouvement rapide de droite à gauche, et *vice-versa*. Il ferait mieux encore en portant des coups sur la tête du cheval de l'adversaire, pour l'effrayer et le forcer à reculer à distance de pointe.

La subordination n'est nulle part plus nécessaire que dans un combat. Tout signe, tout avertissement, tout commandement doit être immédiatement et ponctuellement exécuté, mais particulièrement lorsque le commandant veut faire cesser un combat ou une poursuite. Les cavaliers doivent *obéir sur le champ à la sonnerie qui est faite*, en se ralliant le plus rapidement possible à l'étendard, au soutien ou au commandement.

Le soldat doit ne jamais quitter sa place sans nécessité, pendant le combat. Les brancardiers sont chargés de porter les blessés à l'ambulance ; tout cavalier désigné exceptionnellement pour les aider rejoint sa troupe en toute hâte, dès qu'il a rempli sa mission.

Tout soldat qui fuit ou abandonne ses armes se déshonore. Il doit repousser toute pensée de découragement, et garder, avant comme pendant la lutte, la ferme conviction *qu'il remplit en combattant le plus important de ses devoirs, qu'il vaincra l'ennemi par son courage et sa persévérance, qu'il sera récompensé de ses exploits par la reconnaissance de l'Empereur et de la patrie et par des honneurs, enfin que partout, même au milieu des plus grands dangers, il est dans la main du Tout-Puissant.*

Courage est inséparable d'honneur ; lâcheté est

inséparable de honte. Le soldat doit estimer l'honneur plus que sa vie, et préférer la mort à la honte.

Le cavalier ne doit pas se rendre tant qu'il est à cheval. S'il se voit environné de dangers, qu'il ne faiblisse point, mais prenne une décision rapide et agisse avec vigueur. *L'irrésolution double tous les dangers, et elle est même une cause de péril.*

C'est une honte pour le cavalier de se laisser faire prisonnier, à moins qu'il n'ait reçu des blessures ou perdu son cheval. S'il est entouré par l'ennemi, il doit chercher le point le plus faible, et s'y précipiter résolûment pour se frayer un passage.

Le cavalier qui tombe aux mains de l'ennemi doit supporter son malheur avec dignité, s'il veut conquérir l'estime de son adversaire. Il ne doit jamais, même s'il est l'objet de menaces, s'oublier au point de donner à l'ennemi des renseignements sur l'armée.

Un blessé ne peut se retirer du combat que lorsqu'il n'est plus en état de rester à cheval ou de se servir de ses armes. Il peut alors laisser à un camarade démonté son cheval et ses munitions.

Un cavalier qui perd son cheval cherche à sauver le harnachement; en tout cas, il prend son arme à feu. Il se procure, s'il le peut, un cheval sans cavalier ou le cheval d'un blessé. En attendant, il se joint à l'infanterie la plus voisine, pour combattre dans ses rangs le mieux qu'il peut.

Des prisonniers ne doivent jamais être ni raillés, ni maltraités. Le soldat qui tuerait ou blesserait un ennemi désarmé commettrait une cruauté et serait un objet de mépris pour tous ses camarades. On doit, dans la mesure du possible, chercher à alléger d'autant plus le sort pénible des prisonniers, qu'ils se sont comportés en braves soldats.

Le cavalier qui doit conduire un cavalier prisonnier lui fait mettre pied à terre, le désarme, place le cheval à sa gauche et l'attache par les rênes à sa selle, fait marcher l'homme en avant et auprès de lui, et tient la carabine haute ou le sabre à la main. S'il doit laisser le prisonnier à cheval pour marcher plus vite, il prend en main les rênes du cheval et le conduit en prenant les plus grandes précautions.

S'il y a plusieurs prisonniers à emmener hors du lieu du combat, leurs chevaux sont rapidement attachés ensemble et envoyés en avant. Les prisonniers désarmés vont à pied, et l'escorte les contraint au besoin à accélérer le pas.

2. *C'est avec la plus grande impétuosité que l'on doit* CHARGER LA CAVALERIE ENNEMIE. Quelques cavaleries étrangères font feu au moment où elles vont être abordées. Il ne faut pas que les hommes se laissent troubler par ce feu ; la plupart des balles ne portent pas, et la troupe qui vient de tirer n'a pas le temps de prendre d'autres moyens de défense. Au moment d'aborder la ligne enne-

mie, qui peut aussi se lancer en avant, *deux bons coups d'éperons et se tenir ferme botte à botte.* On doit se jeter dans les vides qui se produisent dans les rangs ennemis et chercher à frayer le passage à ceux qui suivent.

Si l'ennemi fléchit, on le poursuit énergiquement pour l'anéantir. Il ne faut pas s'arrêter à faire des prisonniers, mais se précipiter à travers les fuyards, pour leur couper la retraite. Ce n'est que lorsque toute résistance a cessé que l'on peut faire des prisonniers et prendre des chevaux. C'est surtout pendant la poursuite qu'il faut se conformer à ce qui a été dit sur la sonnerie du rallie-ment.

Dans une mêlée, il faut chercher à avoir son adversaire à la droite, et l'attaquer quand il présente le flanc gauche. On dirige les coups de pointe sur la ceinture, et les coups de sabre sur la tête, le cou, les bras et la main de la bride.

3. UNE CHARGE SUR UN CARRÉ D'INFANTERIE est dirigée de préférence *sur les angles et les faces latérales* ou *sur la quatrième face.* Dans cette charge, les cavaliers se précipitent en avant à corps perdu et en restant unis. Au moment de la salve, ils poussent énergiquement leurs chevaux à travers la fumée, pour les empêcher de faire demi-tour ou de se jeter de côté, et sabrent et foulent aux pieds les fantassins. Lorsque la cavalerie, en chargeant, a affronté le feu de la première

salve, elle arrive si rapidement sur le carré qu'elle n'a plus à redouter sérieusement les effets de nouvelles salves.

Lorsque de l'artillerie à cheval marche avec la cavalerie, elle ébranle l'ennemi par son feu, afin de faciliter le succès de la charge.

Il est dangereux, pour la cavalerie, d'hésiter ou de faire demi-tour en arrivant sur l'infanterie. Le courage du fantassin s'exalte naturellement alors ; il vise avec plus de sang-froid et donne à son tir une plus grande précision.

Une charge sur des tirailleurs doit, de préférence, être faite sur leur flanc. — Pour attaquer un fantassin isolé, le cavalier se précipite sur lui, le maintient à sa droite pour mieux parer les coups de baïonnette, le renverse par le choc de son cheval et le sabre.

La cavalerie ne doit jamais charger sur des bois, des villages ou *d'autres positions semblables,* et rester à portée du feu des tirailleurs qui s'y trouveraient embusqués.

Toute cavalerie qui charge doit avoir une réserve.

4. LA CAVALERIE CHARGE L'ARTILLERIE de préférence lorsque celle-ci est *en marche,* ou bien lorsqu'elle *amène* ou *ôte les avant-trains.* Si cela n'est pas possible, une partie de la cavalerie charge la batterie de front en fourrageurs ; une autre la charge en ligne sur son flanc, et la partie la plus

forte se jette sur la troupe de soutien. Ces mouvements sont préparés, autant que possible, à l'abri d'un accident de terrain, et exécutés ensuite avec la plus grande rapidité. Si la charge réussit, les artilleurs sont sabrés sur leurs pièces.

Quand on le peut, on empêche les conducteurs de prendre la fuite, et on les oblige à ramener les pièces ou les attelages. — Si les conducteurs se sont enfuis avec leurs chevaux, on attelle aux pièces, si on en a le temps, les chevaux des cavaliers. Ce moyen n'est praticable que si la distance à franchir n'est pas grande et si l'ennemi n'est pas en force dans le voisinage. Il est bon d'exercer les cavaliers à atteler leurs chevaux, parce que cela peut être utile dans bien des circonstances. Deux manteaux roulés en long font un collier et une bricole, auxquels on attache, en guise de traits, des cordes à fourrages réunies et tournées ensemble (1).

Si les pièces ne peuvent être emmenées, elles sont mises hors de service le plus promptement possible ; les chevaux de trait sont tués ; la lumière du canon est détériorée et remplie de terre, gravier, etc.; de grosses pierres sont introduites dans

______

(1) Voir la circulaire ministérielle du 2 novembre 1865 sur la manière d'utiliser, pour le trait, les chevaux de la cavalerie, au moyen d'une corde à fourrages employée comme le lasso américain.

l'âme ; le refouloir et la hausse sont brisés ou emportés, le timon et les rayons des roues sont rompus, etc.

5. DES DIFFÉRENTES CHARGES, D'APRÈS LE RÉGLE-MENT SUR LES MANŒUVRES.

a. La charge en ligne est une marche dirigée avec une vitesse croissante contre l'ennemi. Le maintien de l'ordre et de la cohésion dans les rangs, dont il a été déjà parlé, est d'une importance capitale dans la charge en ligne. Le centre, chargé de la direction de la ligne d'attaque, doit marcher bien droit devant lui, et les ailes doivent ne pas flotter. Ce serait une faute de laisser des cavaliers isolés arriver sur l'ennemi avant l'ensemble de la ligne, qui perdrait ainsi l'ordre et la cohésion. Il serait aussi très-mauvais de laisser des cavaliers isolés rester honteusement en arrière et abandonner leurs camarades.

Dans beaucoup de cas, on place quelques pelotons en potence à l'une des ailes de la ligne d'attaque *pour déborder l'ennemi ou le prendre en flanc et à revers, et s'opposer en même temps à un mouvement tournant de sa part.* Ces pelotons formés en colonne ou en demi-colonne marchent, selon les circonstances, en arrière ou en dehors de cette aile.

Une charge de flanc doit être conduite de telle manière qu'elle arrive sur le flanc de l'ennemi en même temps que la charge en ligne arrive sur son front.

Une troupe de soutien aux ailes d'une ligne qui charge la protége contre une attaque de flanc de l'ennemi.

b. La charge par les quatrièmes pelotons ou par un escadron est faite contre un ennemi qui faiblit, n'attend pas l'attaque en ligne, et doit être rapidement poursuivi par une partie des forces assaillantes déployées en fourrageurs, tandis que la plus grande partie suit en ordre de bataille.

c. La charge en fourrageurs s'emploie contre un ennemi qui fuit. Elle s'exécute comme la précédente, sans que les cavaliers conservent la cohésion, l'alignement et l'ordre. Une partie de la troupe suit comme soutien.

Il est très-important, après cette charge, *de rallier rapidement le soutien* qui, suivant les phases du combat, a pu prendre une nouvelle direction.

d. La charge en échelons est une attaque en ligne dans laquelle les fractions de la ligne (un ou plusieurs escadrons ou un régiment) chargent l'une après l'autre. Elle sert à achever, par ses chocs successifs, un ennemi déjà ébranlé ou faiblissant.

e. La charge en colonne serrée. — Le régiment (ou la brigade) est formé en colonne serrée par escadrons. Le quatrième (ou le cinquième) escadron (le régiment de cavalerie légère) place deux pelotons en bataille (deux ou trois escadrons) sur chaque flanc de la colonne.

La colonne exécute la charge et enfonce l'ennemi;

les pelotons (ou escadrons) placés de chaque côté de la colonne le poursuivent s'il faiblit ou le tournent pour le prendre en flanc.

f. La charge en colonne OUVERTE. — Le régiment est formé en colonne serrée par escadrons. Le premier escadron charge. La colonne serrée suit au trot à 300 pas de distance. Si la charge du premier escadron ne réussit pas, le commandant de cet escadron fait sonner *le ralliement*. Les cavaliers font alors demi-tour à gauche, démasqent rapidement la colonne en se jetant à droite et à gauche pour aller se rallier à la queue, où ils se reforment et suivent la colonne.

Pendant ce temps, le deuxième escadron charge à son tour, et ainsi de suite pour chacun des escadrons suivants, si les circonstances l'exigent.

TABLE DES MATIÈRES

DEUXIÈME PARTIE

Du service en campagne.

CHAPITRE PREMIER.

DU CANTONNEMENT.

	Pages.
Ordre dans les logements en cantonnement	1
Cantonnement de guerre	2
Cantonnement de paix	7

CHAPITRE II.

DU BIVOUAC.

Considérations générales	9
Service au bivouac	10
Entrée au bivouac et dispositions à prendre	15
Tracé du bivouac d'un régiment de cavalerie	17
Répartition des hommes pour les premiers travaux	19

Pages.

Placement des effets d'habillement, d'armement et de
harnachement   21
Mesures de police   23
Service intérieur au bivouac.   25
Bivouac des avant-postes   28
Sortie du bivouac   29
Conduite en cas d'alarme   29
Départ du bivouac   30
Allocations   31

CHAPITRE III.

DE LA GUERRE ET DU SERVICE EN CAMPAGNE EN GÉNÉRAL.

But de la guerre   32
Grande guerre   32
Petite guerre   32
Principales qualités d'un bon soldat en campagne   34

CHAPITRE IV.

NOTIONS PRATIQUES RELATIVES AU SERVICE EN CAMPAGNE.

Établissement des troupes en campagne   36
Comment on protége les troupes en marche   37
Comment on protége les troupes au repos   38
Terrain découvert, coupé; défilé   39
Moyens de s'orienter pendant le jour   40
Moyens de s'orienter pendant la nuit   41
Surprise; embuscade; convoi   42
Fanal; parlementaire; espion   43
Quelques lois et usages de la guerre   44

CHAPITRE V.

MARCHES ET PATROUILLES.

Pages.

Distances parcourues par jour dans les marches....... 46
Transports en chemins de fer..................... 46
Marche de guerre en général 52

CHAPITRE VI.

DISPOSITIONS A PRENDRE POUR LA SURETÉ DANS LES MARCHES.

Quand et comment doivent être prises des mesures de
   sûreté............................... 53
Dessin représentant une troupe en marche............ 54
Communication des troupes protectrices entre elles et
   avec le gros.............................. 55
Mesures à prendre pendant les haltes 56
Mission des hommes détachés..................... 56
Indices utiles à connaître par le soldat en campagne.. 58

CHAPITRE VII.

DE L'AVANT-GARDE.

But et division de l'avant-garde.................... 61
Ordre de marche et mission de la pointe............. 62
Reconnaissance des accidents de terrain............. 63
Conduite de la pointe qui rencontre l'ennemi......... 68
Extrême avant-garde 69
Avant-garde principale.......................... 71

CHAPITRE VIII.

DE L'ARRIÈRE-GARDE.

Pages.

Principale mission de l'arrière-garde 73
Son rôle dans une retraite 74
Arrière-garde principale et extrême arrière-garde 76
Pointe 76

CHAPITRE IX.

DES DÉTACHEMENTS DE FLANC.

But et conduite des détachements de flanc 78
Patrouilles de flanc 78
Détachements de flanc 80

CHAPITRE X.

DES MARCHES DE NUIT ET DES MARCHES DÉROBÉES.

Marches de nuit 81
Marches dérobées 82

CHAPITRE XI.

DES PATROUILLES.

Principes généraux 83
Patrouilles de reconnaissance 88
Patrouilles volantes 90
Patrouilles de poursuite 91
Patrouilles de communication 91

CHAPITRE XII.

DES AVANT-POSTES.

	Pages.
But des avant-postes	93
Placement provisoire des avant-postes	93
Dessin représentant un placement d'avant-postes	95

CHAPITRE XIII.

DES VEDETTES.

Devoirs des vedettes	96
Placement des vedettes pendant le jour	97
Poste de surveillance	100
Passage de la ligne des vedettes	102
Rapports des vedettes	107
Attaque par l'ennemi	109
Manière de relever les vedettes	110
Placement des vedettes pendant la nuit	113
Mots d'ordre, de passe, de ralliement	114
Passage de la ligne des vedettes	115
Patrouilles de vedettes	120
Attaque par l'ennemi	121
Pose des vedettes	122

CHAPITRE XIV.

DES GRAND'GARDES.

Principes généraux	124
Nombre et force des grand'gardes	124
Veilleur	125

Pages.

Poste d'avertissement.. 125

Devoirs du commandant de la grand'garde.......... 126

Placement des grand'gardes pendant le jour.......... 129

Conduite à tenir par les grand'gardes 132

Rapports des grand'gardes 135

Passage de la ligne des avant-postes................ 136

Attaque par l'ennemi 138

Manière de relever les grand'gardes................ 140

Placement des grand'gardes pendant la nuit.......... 142

Conduite des grand'gardes........................ 144

Attaque par l'ennemi............................ 145

CHAPITRE XV.

DES PATROUILLES A ENVOYER PAR LES GRAND'GARDES.

Service de patrouille.............................. 147

Patrouilles de visite 147

Patrouilles de reconnaissance 148

CHAPITRE XVI.

DES SOUTIENS ET DU GROS DES AVANT-POSTES.

Placement d'un soutien 151

Placement d'un repli 151

Placement du gros des avant-postes................ 152

CHAPITRE XVII.

DE QUELQUES OPÉRATIONS PARTICULIÈRES. — DES SURPRISES.

Conditions pour qu'une surprise réussisse............ 154

Pages.

Comment s'exécute une surprise................... 155
Surprise d'un lieu habité......................... 157
Surprise d'un ennemi en marche ou d'un convoi...... 158

CHAPITRE XVIII.

DES CACHETTES OU EMBUSCADES.

Dispositions à prendre pour établir une embuscade.... 160

CHAPITRE XIX.

DES ESCORTES.

Escortes d'honneur et escortes de courriers.......... 163
Escorte de prisonniers............................ 163
Escorte d'un convoi 165

CHAPITRE XX.

DES RÉQUISITIONS ET DES FOURRAGES.

Fourrage au sec ou réquisition.................... 169
Fourrage au vert 172

CHAPITRE XXI.

DU COMBAT. — DES TIRAILLEURS.

Déploiement des tirailleurs 174
Remplacement des tirailleurs 177
Ralliement des tirailleurs......................... 177
Conduite des tirailleurs.......................... 178

CHAPITRE XXII.

DU COMBAT A PIED.

Pages.

Cas où il est employé............................ 182
Comment il s'exécute 184

CHAPITRE XXIII.

DE LA CHARGE.

Considérations générales........................ 187
Charge contre la cavalerie...................... 192
Charge contre l'infanterie 193
Charge contre l'artillerie 194
Des différentes charges d'après le réglement sur les
  manœuvres 195

9 782019 148713